내 아이 **책**은
내가 고른다

내 아이 **책**은 내가 고른다 (저학년용)

초판 1쇄 발행/2002년 7월 30일
초판 3쇄 발행/2008년 9월 20일

지은이/조월례
펴낸이/신형건
펴낸곳/푸른책들

출판등록/1998. 10. 20. 제22-1436호
주소/서울 서초구 양재동 115-6 푸르니 빌딩 2층 (우)137-891
전화/02-581-0334~5 팩스/02-582-0648
E-mail/prooni@prooni.com
홈페이지/www.prooni.com

글 ⓒ 조월례, 2002

ISBN 89-88578-64-3   03370
ISBN 89-88578-63-5   (세트)

내 아이 책은
내가 고른다

조월례 지음

푸른책들

머리말

아이들이 재미있는 책을 읽으며 자랄 수 있다는 건 즐거운 특권임에 틀림없습니다. 허나 요즘에는 책을 읽어야 한다는 당위성을 앞세워 무조건 많이 읽게 하거나, 기능적인 효과만을 앞세우는 경향이 없지 않습니다.

감당하기 벅찰 만큼 쏟아져 나오는 책 가운데서 '아이들에게 어떤 책을 읽혀야 하는가' 라는 문제는 아이들과 관련 있는 모든 이들의 한결 같은 고민입니다. 이런 고민에 조금이나마 도움이 되기를 바라는 마음으로 책을 골라 보았습니다.

학년별로 나누고 다시 월별로 나누어 한 달에 두 권 정도 골랐습니다. 그리고 더 읽어 볼 만한 책들의 목록을 덧붙여 간단히 소개하였습니다. 책의 권수가 적은 감이 있습니다만 많이 읽기보다 좋은 책을 반복해서 읽는 것이 더 효과적이라 생각합니다.

또 어린이 책읽기는 문학 중심이 되어야 한다는 생각에서 동화책을 많이 골랐습니다. 문학은 우리의 삶을 기반으로 창조된 것으로서 마음의 중심을 어디에 두어야 할지, 삶에서 가치 있는 일은 무엇인지, 살아가면서 만나게 되는 사람들과는 어떻게 어울려야 할지 생각하게 해 주며 세계를 보는 관점을 세우는 데 도움을 줍니다. 당장 눈에 보이는 효과는 부족할지 모르지만 어른들이 미처 헤아리지 못하는 사이에 아이들의 마음이 쑥쑥 자라서 세상에 쓸모 있는 사람이 되기를 바라는 마음으로 골랐습니다.

이 책에 소개한 책들은 부모님이나 선생님들께서도 꼭 읽어 보시기를 권합니다. 좋은 동화는 나이를 초월하여 모든 이들이 읽고 감동을 받을 수 있는 책입니다. 동화의 세계, 아이들의 세계를 이해하는 일은 아이들을 바로 키우는 가장 좋은 길이며 어른들에게도 적지 않는 기쁨을 주는 일입니다.

여기에 소개한 책들은 학년을 염두에 두어 고르기는 했습니다만 어떤 아이에게는 맞지 않을 수도 있습니다. 아이들은 같은 학년이라도 독서력에 따라 편차가 있을 수 있으며 아이들의 관심이나 개성에 따라 좋아하는 책이 달라질 수 있기 때문입니다. 아이들의 독서력이나 개인의 취향, 관심 영역에 따라 각각 다른 독서 프로그램과 목록이 나온다면 더할 나위 없겠지요. 여기에 소개한 책들은 그러한 최소한의 요구에 부응하여 되도록 같은 학년 아이들이 갖고 있는 공통분모에 근접하도록 골랐습니다. 그러니 어디까지나 참고사항으로 여기시기 바랍니다.

아무쪼록 이 책이 '내 아이들을 위한 책은 내가 고른다' 는 마음을 가진 학부모님들, 아이들에게 읽어 줄 책을 찾는 선생님들께 도움이 되었으면 합니다. 그리고 우리 아이들이 좋은 책을 읽으며 즐겁고 행복한 어린 시절을 보내게 되기를 진심으로 바랍니다.

2002년 여름
조월례

차 례

3학년에게 권하는 책

학부모에게 권하는 책

1학년에게 권하는 책

책읽기, 그 즐거운 놀이

이제까지 엄마 품을 맴돌던 아이가 학교에 들어갔습니다. 엄마들은 아이들보다 더 뿌듯합니다. 아기같이만 여겨지던 아이가 학생이 되었다는 사실이 대견하고 기특해서 뭔가 자꾸 해 주고 싶어집니다. 그만큼 기대하는 것도 많아집니다. 이제까지와는 달리 독서교육도 특별하게 시켜야 할 것만 같습니다. 그래서 그룹지도도 시키고 독후감상문도 써 보게 하면서 책을 얼마나 읽었는지, 제대로 이해를 하기는 했는지 이리 따져 보고 저리 재 보고 싶어집니다.

물론 어른 입장에서는 아이를 위한다는 명분이지만, 아이는 이런 간섭이 썩 유쾌하지만은 않을 것입니다. 아이가 책을 좋아하게 하려면 책을 읽을 수 있는 환경을 만들어 주는 것이 좋습니다. 좋은 책이 손길 닿는 곳에 있고, 책을 읽다가 궁금한 일이 생기면 그때 그때 물어 볼 수 있고, 재미있는 장면을 보았을 때 그것을 함께 나눌 수 있는 누군가가 옆에 있어 주면 됩니다. 이 시기 아이들은 엄마가 책을 읽어 주는 행위보다는 엄마와 함께 있는 정서적 안정을 원하기 때문입니다.

이 시기 아이들은 자기 중심적인 사고와 더불어 선악에 대한 개념을 인식해 가는 특징을 갖고 있습니다. 그래서 내 것과 네 것을 구별하고 싶어합니다. 또 도덕성이 발달하는 시기라서 좋은 사람과 나쁜 사람, 착한 일과 나쁜 일을 구분하기를 좋아합니다. 이야기에 등장하는 인물에 대해서도, 일어나는 사건에 대해서도 그렇습니다. 아이들은 선한 주인공이 악한 주인공과 대립하여 선이 이기고 악은 벌을 받는다는 결과에 마음의 안정을 느끼고 기쁨을 느끼기 때문입니다.

또한 아이들은 모든 사물에 생명이 있다고 생각합니다. 그래서 의인화 동화를 읽으면서 등장인물과 함께 호흡하며 즐거움을 느낍니다. 그런데 수준을 높이려는 욕심에 활자가 너무 많은 책이나 인물전, 역사책, 과학책을 읽게 하는 것은 아이에게 큰 짐을 안기는 일입니다. 아이는 아직 거기까지 소화해 낼 수 있는 지적인 힘이 자라지 않았기 때문입니다. 아이들에게 책은 장난감이며 넓은 세상으로 나아가는 여러 갈래의 길 가운데 하나입니다. 책을 즐기는 것 이외의 목적으로 책읽기를 요구하여 짐을 지우기보다는 자연스럽게 책읽기를 즐기도록 도와 주는 것이 가장 좋은 독서교육입니다.

1학년 아이들을 위한 책으로는 옛 이야기와 창작동화 그리고 그림책을 중심으로 골랐습니다. 아이들이 우리 겨레의 삶을 바탕으로 한 옛 이야기, 자신들의 생활을 기반으로 한 단편동화, 동물이나 식물을 비롯한 주변의 사물을 의인화한 동화에 공감하고 즐겨 읽을 수 있도록 도와 주세요.

『황소와 도깨비』

이상 글 / 한병호 그림 / 다림

도깨비 아니라 귀신이라도
불쌍하거든 살려 주어야해

이 이야기는 가난하지만 착한 나무꾼 돌쇠와 그의 든든한 동반자 황소 그리고 은혜를 저버리지 않은 아기도깨비 산오뚝이가 이끌어 간다. 이야기를 끌고 가는 아기도깨비는 정말 재미있게 생겼다.

사람인지 원숭인지 분간할 수 없는 얼굴에 까뭇까뭇한 살결과 우뚝 솟은 귀를 갖고 있다. 게다가 기름한 팔다리에 작은 꼬리까지 달려서 고양이 같기

도 하고 개 같기도 하다. 아기도깨비가 마을에 놀러 왔다가 사냥개에게 물려 꼬리를 다친 탓에 산으로 돌아가지 못하고 말았다. 꼬리가 없는 아기도깨비는 재주를 부리지도 못하고 집에 가지도 못하니 딱하게 된 것이다.

아기도깨비 산오뚝이는 숲 속에 숨었다가 돌쇠를 만나 도와 달라고 통사정을 한다. 부모도 친척도 없이 혼자서 빈둥거리는 게으름뱅이 돌쇠는 아기도깨비가 굶어 죽거나 얼어 죽을까 봐 걱정스러웠다. 더구나 황소의 힘을 열 배나 세게 해 준다는 말에 솔깃하여 황소 뱃속을 빌려 주기로 한다.

두 달이 지나 배가 남산만하게 불러 온 황소는 괴로워 어쩔 줄을 모른다. 돌

쉬는 아기도깨비를 꺼내려고 갖은 방법을 쓰다가 지쳐서 황소를 바라보며 하품을 한다. 그러자 황소도 하품을 따라 하고 그 순간 아기도깨비는 밖으로 나온다. 그 후 아기도깨비에게 뱃속을 빌려 준 대가로 힘이 백 배나 세어진 황소를 몰며 돌쇠는 말한다.

"도깨비 아니라 귀신이라도 불쌍하거든 살려 주어야 해."

등장인물들의 따뜻한 심성이 옛 이야기의 분위기를 물씬 풍기는 독특한 문체와 어우러지면서 재미와 교훈을 동시에 안겨 주는 책이다. 시인이며 소설가로 널리 알려진 이상이 죽기 40일 전에 쓴, 단 한 편의 동화이다.

도깨비 이야기

도깨비는 우리 옛 이야기의 단골 주인공으로 욕심 많은 부자들이 못된 짓 하는 걸 절대로 그냥 보아 넘기지 못한다. 욕심쟁이 혹부리 영감에게는 혹을 하나 더 붙여 쌍혹부리 영감으로 만들고, 가난한 아우를 나 몰라라 하는 못된 형은 호된 매로 다스린다. 그렇지만 마음 착한 사람에게는 보물을 한 보따리 안겨 주어 부자로 만들기도 한다. 도깨비와 아이들은 서로 많이 닮았다. 그래서 아이들이 도깨비 이야기를 좋아하나 보다.

더 읽어 보세요

「나야, 뭉치 도깨비야」
서화숙 글, 이형진 그림, 웅진닷컴
「도깨비와 범벅장수」
이경애 글, 한병호 그림, 국민서관
「도깨비 방망이」 정차준 글, 한병호 그림, 보림

『샌지와 빵집 주인』

로빈 자네스 글 / 코키 폴 그림 / 김중철 옮김 / 비룡소

빵 냄새 맡은 값 내놔!

"이 도둑놈아, 넌 내 빵 냄새를 훔쳤어. 난 빵 냄새 값을 꼭 받아야겠다!"

빵집 주인은 가난한 여행자 샌지가 자기 집에서 나오는 빵 냄새를 맡았으니 빵을 훔친 셈이라고 으름장을 놓는다. 하지만 세상은 늘 정직한 사람들 편이라는 걸 어리석은 빵집 주인은 미처 깨닫지 못한다.

가난한 샌지는 재판관의 명령에 따라 친구들을 찾아다니며 어렵게 은닢 다섯 냥을 구해 재판소로 간다. 욕심 사나운 빵집 주인은 무슨 좋은 일이 기다리는 줄 알고 생긋 웃기까지 한다. 그러나 과연 그럴까? 재판관은 커다란 놋쇠 그릇을 앞에 놓고는 샌지에게 말한다.

"한 번에 한 닢씩 놋쇠 그릇에 던져라."

짤랑, 딸랑, 딸그락, 땡그랑, 떨그덕! 다섯 개의 동전이 그릇에 다 떨어지자 재판관은 빵집 주인에게 묻는다.

"동전 소리를 들었느냐?"

빵집 주인이 분명히 들었다고 말하자 재판관은 마침내 판결을 내린다.

16

"그 소리를 들은 것이 네가 받은 값이
니라. 그리고 샌지, 너는 이 은닢 다섯
냥을 도로 가져가거라."

매도 대지 않고, 감옥에 가두지도 않
으면서, 품위 있게 욕심쟁이를 꼼짝 못
하게 하는 재판관의 명판결로 끝이 나
는 반전이 통쾌하다. 익살스런 인물들의
표정, 화면을 가득 메운 그림들이 구석
구석 볼거리를 풍부하게 제공하는 유쾌
한 그림책이다.

더 읽어 보세요

『배장수와 신선』 위기철 글, 조혜란 그림, 국민서관
『이야기 이야기』 게일 헤일리 글·그림, 엄혜숙 옮김, 보림
『늑대가 들려 주는 아기돼지 삼 형제 이야기』 존 세스카 글, 레인 스미스 그림, 황의방 옮김, 보림
『장난꾸러기 코피트코』 어린이도서연구회 엮음, 우리교육

『꼬마 곰에게 뽀뽀를』

E.H. 미나릭 글 / 모리스 센닥 그림 / 엄혜숙 옮김 / 비룡소

뽀뽀 좀 전해 줄래?

모리스 센닥의 그림책은 아이들을 풍부한 상상의 세계로 안내한다. 그는 아이들 세계에 걸맞는 주제와 소재를 다루는 솜씨가 뛰어나고, 아이들 심리를 정확하게 묘사하여 공감을 이끌어 냄으로써 세계적인 그림책 작가로서 명성을 얻게 되었다.

이 책은 유아기의 마지막 단계이면서 초등 학교에 갓 입학한 아이들이 여전히 갖고 있는 가족과 친구들에 대한 애정 어린 관심을 이야깃거리로 삼는다.

이야기에 등장하는 꼬마 곰, 암탉, 개구리, 꼬마 스컹크 등의 동물들이 하는 행동이나 말 그리고 표정은 세계 어린이들의 보편적 정서에 닿아 있다.

그림 그리기를 좋아하는 꼬마 곰이 자기가 그린 멋진 그림을 보며 즐거워하다가, 그것을 암탉을 통해 할머니에게 전한다. 그림을 받아 본 할머니도 기뻐서 꼬마 곰에게 뽀뽀를 전하고 싶다. 그래서 암탉은 다시 할머니의 뽀뽀를 가지고 가다가 친구들을 만나 이야기하느

모리스 센닥

모리스 센닥은 1928년 뉴욕의 빈민가에서 폴란드계 유대인의 아들로 태어났다. 잔병치레를 많이 하여 집 안에서 지내는 시간이 많았던 센닥은 아버지가 들려 주는 옛 이야기를 들으면서 자랐고, 그것은 그의 풍부한 상상력의 기반을 이루었다. 센닥의 이야기에는 아이들의 심리가 리얼하게 나타난다. 현실과 판타지 세계를 넘나들면서 아이들의 세계를 절묘하게 표현하는 그의 책들은 아이들 마음을 사로잡기에 충분하다.

더 읽어 보세요

『꼬마 곰』『꼬마 곰의 방문』『꼬마 곰의 친구』『아빠곰이 집으로 와요』
E.H. 미나릭 글, 모리스 센닥 그림, 엄혜숙 옮김, 비룡소
『괴물들이 사는 나라』 모리스 센닥 글 · 그림, 강무홍 옮김, 시공주니어 1964년 (칼데콧상 수상작)
『깊은 밤 부엌에서』 모리스 센닥 글 · 그림, 강무홍 옮김, 시공주니어

라 개구리에게 대신 부탁한다. 꼬마 곰에게 전해질 뽀뽀는 이렇게 해서 고양이, 꼬마 스컹크, 암스컹크에게까지 전해진다.

뽀뽀를 전해야 할 꼬마 스컹크가 암스컹크를 만나 너무 오래 뽀뽀를 하는 바람에 암탉은 뽀뽀를 잃어버렸다고 생각한다. 그래서 다시 뽀뽀를 찾아 꼬마 곰에게 전한다. 오랫동안 뽀뽀를 하던 스컹크들은 멋진 결혼식을 올리는데, 결혼식장에는 꼬마 곰에게 뽀뽀를 전해 주던 동물들이 모두 와서 마음껏 축하해 준다.

반복되는 구조와 흑백의 펜화가 동물들의 생생한 표정과 몸짓들을 느끼게 해 준다. 종족을 초월해서 모든 동물들이 뽀뽀를 통해 하나가 되는 모습들이 더없이 친근감을 주는 매력적인 그림책이다.

『개구쟁이 노마와 현덕 동화나라』

현덕 글 / 신가영 그림 / 웅진닷컴

노마야, 노올자~

책을 열면 까까머리에 장난기 가득한 얼굴로 나무 밑에 앉아 '뭐 재미난 장난이 없을까?' 궁리하는 머슴애들과 눈이 마주친다. 단발머리에 하얀 무명저고리와 깡뚱한 감장 치마를 입은 계집아이와도 만난다. 지붕 위의 박 넝쿨, 하얀 눈을 덮어쓴 초가집 처마 끝에 주렁주렁 매달린 고드름이 정겨운 풍경으로 다가온다. 이들은 타임머신을 타고 날아가듯 훌쩍 1930년대 시골 마을로 우리를 데려간다.

거기에는 노마와 기동이와 똘똘이와 영이가 있다. 이 아이들은 거의 다 가난하다. 텔레비전도 없다. 만화영화도 없다. 장난감도 없다. 해야 할 숙제가 많은 것도 아니다. 하지만 그들에게는 무궁무

진한 시간이 있다. 물구나무서기, 높은 데서 뛰어내리기, 눈사람 만들기 따위의 놀이가 있다. 놀이를 함께 할 동무도 있다.

노마가 엄마의 실 감는 일을 돕고 있는데, 동무들이 '노마야, 노올자~' 하고 목젖이 다 보이도록 불러제친다. 실 감는 일은 끝나지 않고 엉덩이는 자꾸 들썩인다. 엄마는 귤을 한 개 준다고 했다가 두 개, 세 개로 올리지만, 노마 마음은 온통 밖으로만 향한다. 애를 태우는 노마 대신 까만 강아지 한 미리가 대문 사이로 얼굴을 빠끔히 내밀고 '노마는 실 감고 있단다.' 라고 대답하는 듯하다.

이 책은 가난한 집 아이도, 부잣집 아이도 한데 어울려 놀고, 토라지고, 화해

하면서 유년 시절의 추억을 쌓아가는 동심의 세계를 따듯하게 열어 보인다.

아이들 책을 고를 때 전집보다는 낱권으로 구입하세요

아이들은 새로운 것에 호기심이 많아요. 다양한 세상을 경험하고 싶어하지요. 이런 아이들에게는 한 가지 형식으로 되어 있는 몇십 권짜리 전집보다 여러 작가들의 역량이 담긴 다양한 책이 더 관심을 끌지요. 특히 전집은 외국 동화인 경우가 많은데, 외국 문화의 홍수 속에서 우리 것에 대한 분명한 마음의 잣대를 세우기 위해서도 어려서부터 우리 작가들이 쓴 창작동화와 옛 이야기를 읽을 필요가 있습니다.

낱권 책을 구하기가 어렵다고요? 큰 서점에서는 대부분 우편 판매를 하고 있으니 전화나 인터넷으로 주문해서 구입할 수 있어요. 또 어린이 책을 연구하고 좋은 책을 널리 알리는 〈어린이도서연구회〉 사이트에 가면 좋은 책에 대한 풍부한 정보를 얻을 수 있지요. 〈어린이도서연구회〉 홈페이지 주소는 아래와 같습니다.
http://www.childbook.org

『또야 너구리가 기운 바지를 입었어요』

권정생 글 / 박경진 그림 / 우리교육

동화 같은 동화 이야기

권정생의 동화는 작고 여린 동물, 식물 그리고 사람들이 겉모습을 따지지 않고 공존하는 정신을 추구한다. 이 책에 등장하는 인물들에게서도 그 정신을 고스란히 느낄 수 있다.

궁뎅이를 기운 바지를 입고도 씩씩하게 유치원에 가는 또야 너구리, 몇 번씩 엉덩방아를 찧으면서 물렁감을 따려고 애쓰는 아기돼지 통통이, 산 밑 외딴 집에서 순하디 순한 검둥이와 함께 살며 배고픈 나그네를 빈손으로 보내지 않는 할머니 등 더없이 어진 인물들의 따뜻하고 정겨운 모습들을 그려 낸다.

이들은 가난하지만 가난하지 않다. 앞 냇물의 피라미랑 납주래기랑, 하늘의 별님을 이야기해 주는 엄마가 있어서이다.

아기돼지 통통이를 위해 물렁감을 따 주는 아기사슴 콩이가 있어서이다. 불이 난 강 건너 동물들을 위해 먹을 것과 땔감을 모아 달려오는 동물들이 있어서이다.

동물들은 이렇게 자연에 기대어 서로 어울려 살아가고 있는데, 사람들은 도시의 화려한 불빛을 찾아 떠나 버렸다. 집 앞에 선 감나무와 지붕 위 박 넝쿨의 서정적 분위기는 홀로 빈 집을 지키는 살구나무 집 할머니의 쓸쓸함을 더해 준다.

『콩, 너는 죽었다』

김용택 글 / 박건웅 그림 / 실천문학사

동심의 눈빛에 담아 낸 농촌 이야기

콩타작을 하였다/콩들이 마당으로 콩콩 뛰어 나와/또르르또르르 굴러간다/콩 잡아라 콩 잡 아라/굴러가는 저 콩 잡아라/콩 잡으러 가는 데/어, 어, 저 콩 좀 봐라/쥐구멍으로 쏙 들어 가네//콩, 너는 죽었다

농촌의 삶을 빼어난 서정으로 그린 시집 『섬진강』의 시인으로 널리 알려진 김용택이 쓴 동시집이다. 『콩, 너는 죽었 다』를 읽어 가다 보면 아이들의 재잘거 림이 들리는 듯하다. 굴러가는 콩만 보 이도 끼르르 웃음을 쏟이 낼 것 같은 아이들, 학교길의 개구리와 달팽이와 함 께, 개울의 물고기들과 함께, 들판의 꽃과 바람과 밤 하늘의 별과 함께 살아가는 아이들의 해맑은 마음을 만날 수 있다.

한편으로는 하나 둘 마을을 떠나 점 점 비어가는 농촌 마을을 바라보는 아 이들의 쓸쓸함이 묻어나는 듯하다. 떠나 버린 동무들에 대한 그리움이 짙게 배 어나기도 한다. 전교생을 합쳐 봐야 스 무 명이 채 되지 않는 작은 시골 학교 아이들의 머룻빛 눈망울이 눈에 보이는 듯하다. 자연과 함께 살아가는 시골 아 이들의 삶이 담백한 언어로 생생하게 되살아난다.

디 읽이 보세요
『꽃이파리가 된 나비』 이주영 엮음, 우리교육
1학년 아이들이 즐겨 읽고 부를 만한 우리 나라 전래동요, 동시를 모아 엮은 책. 계절과 교과서 단 원, 국경일, 기념일에 맞춰 3월부터 12월까지 1주 일에 한 편씩 읽을 수 있게 실었다.

『선인장 호텔』

브렌다 기버슨 글 / 미간 로이드 그림 / 이명희 옮김 / 마루벌

생태계의 질서는 이렇게 유지된단다

사구아로 선인장은 미국 남부의 사막과 멕시코 북부에서만 자란다. 이 책은 키 20미터, 무게 8천 킬로그램, 수명이 200년이나 되는 거대한 사구아로 선인장의 일생을 다룬 그림책이다.

건조하고 뜨거운 사막 한가운데 떨어진 조그만 씨앗 하나가 거대한 나무로 자라나 그를 찾아오는 동식물들에게 먹을 것과 잠자리를 제공하면서 더불어 살아가는 모습은 매우 감동적이다.

사구아로 선인장은 아주 천천히 자라서 조그만 싹으로 세상에 얼굴을 내민 지 십 년이 지나야 엄마 손 한 뼘 크기만큼, 이십오 년이 지나면 다섯 살 어린이 키만큼, 오십 년이 지나면 엄마 키 두 배만큼, 백오십 년이 지나면 아빠 키

열 배만큼 자란다.

이렇게 자란 선인장은 아파트처럼 동물들에게 뜨거운 햇빛과 차가운 바람을 막는 잠자리가 되어 주고 먹이도 마련해 준다. 거기에 깃들인 새들은 해로운 벌레들을 잡아먹어 선인장이 병에 걸리지 않도록 해 준다.

24

모두들 선인장 호텔에서 찾고
싶어 했어요. 여기서 새들은 밤을
낳고, 사막쥐는 새끼를 길렀지요.
곤충도, 박쥐도 이 호텔에서 살지요.

한 동물 가족이 이사를
가면 또 다른 동물이 이사를
왔어요. 그리고 해마다 봄이면 꽃과
달콤한 빨간 열매 잔치에 초대되었지요.

　이백 년이 지나자 늙은 선인장 호텔은 거센 바람에 휩쓸려 쓰러지면서 수많은 씨앗을 퍼트려 새로운 선인장들이 태어나게 한다. 사구아로 선인장은 뜨겁고 건조한 사막에서 주변의 동식물들과 공존하면서 새로운 생명을 잉태하는 자연의 질서를 조용히 가르친다.

더 읽어 보세요.

『보리 어린이 식물도감』 편집부 글, 이태수 그림, 보리
우리 땅에 나고 자라는 식물을 세밀한 그림으로 표현한 도감 형식의 책

『씨야 씨야 퍼져라』 김용란 글, 최미숙 그림, 보리
식물이 어떻게 씨를 퍼트리는지 알려 준다.

『벌레들아 도와 줘』 심조원 글, 한지희 그림, 보리
논과 밭에 사는 곤충들에 관한 이야기

『숲이 살아났어요』 심조원 글, 신가영 그림, 보리
나무가 없는 산에 어떤 일이 일어나는지 알려 주고 식물의 중요성에 대해 일깨워 준다.

『나랑 같이 놀자』 심조원 글, 박견진 그림, 보리
곤충들이 어떤 신호를 주고받고 서로를 알아보는지 알려 준다.

『살아 있는 땅』 엘레오노레 슈미트 글 • 그림, 김윤태 옮김, 비룡소
땅 속에 어떤 생명들이 어떻게 살아가는지 보여 주는 그림책

『나무』

옐라 마리 그림 / 시공주니어

그림 읽는 그림책

나무는 크고 작은 바람들과 찬 이슬과 비를 거부하지 않는다. 그리고 계절이 지나가는 것을 우리 앞에 보여 준다.

한 그루의 나무가 무더운 여름과 늦가을 그리고 눈 오는 한겨울을 맞고 보내면서 드러내는 갖가지 색깔과 표정은 한 편의 자연 다큐멘터리를 보는 듯하다. 화가의 렌즈는 나무가 변화하는 순간들을 놓치지 않고 정확하게 포착하여 보여 준다.

넓은 초원에는 당드릅나무 한 그루가 무성한 가지만을 드러낸 채 홀로, 그러나 당당하게 서 있다. 홀로 있음으로 인해 시선은 온전히 나무에게로만 향한다.

나무는 초원의 빛깔에 따라 푸른빛에서 갈색으로 변하고, 하얀 겨울에는 무성한 잔가지 가지마다 시리도록 하얀 빛을 발산한다. 한 치의 흐트러짐도 없다. 그림은 한여름의 강렬한 햇살을 받아 눈부신 초록빛도, 싸늘한 겨울 색도 가감 없이 잡아 낸다. 한 그루의 나무를 통해서 이토록 명료한 계절의 변화를 느낄 수 있다는 사실이 새삼스럽다.

보통 때 그저 무심하게 지나치는 수많은 나무들, 풀들, 꽃들에게서는 결코 느낄 수 없는 감동과 경이를 맛보게 된다. 사물을 보는 각도와 입장에 따라 한 그루의 나무가 온몸으로 전하는 풍성하고도 특별한 이야기를 즐길 수 있다.

글 없이 그림만으로 읽어요

대개 아이들 책에는 글이 있고, 글을 보완하는 수단
으로써 그림이 있습니다. 이것은 오래 전부터 고정
관념처럼 굳어져 온 책의 형식입니다. 하지만 최근
에 와서 글 없이 그림만으로 된 그림책이 나타나기
시작했습니다. 글이 없는 책에서는 글 대신 그림을
읽습니다. 그래서 읽는 이마다 조금씩 다른 생각을
할 수도 있고, 다른 이야기를 만들어 갈 수도 있습
니다. 반드시 어떤 결론을 낼 필요 없이 그림을 읽
으면 되는 책, 그림을 읽으면서 저마다 이야기를 만
들어 볼 수 있는 책, 그림이 하는 이야기를 상상하
며 읽는 책, 그것이 바로 글 없는 그림책의 매력입
니다.

더 읽어 보세요
『사과와 나비』 이엘라 마리와 엔조 마리 그림, 보림
『왜?』 니콜라이 포포프 그림, 현암사
『빨간 풍선의 모험』 엘라 마리 그림, 시공주니어
『눈사람 아저씨』 레이먼드 브릭스 그림, 마루벌
『숲 이야기』 안노 미쯔마사 그림, 한림출판사

『당나귀 실베스터와 요술 조약돌』

윌리엄 스타이그 글·그림 / 이상경 옮김 / 다산기획

당나귀 가족의 사랑 이야기

당나귀 실베스터는 어느 날 우연히 빨간 조약돌을 손에 넣는다. 그 조약돌은 원하는 것을 말하면 그대로 이뤄지는 요술 조약돌이다. '음, 우리 나라 옛 이야기에 나오는 도깨비방망이 같은 것이군.' 뭔가 재미있는 일이 일어날 것 같은 예감이 든다.

천천히 책장을 넘기면 아름다운 자연의 변화가 눈에 들어온다. 그리고 동물 마을을 배경으로 펼쳐지는 당나귀 가족의 두터운 가족 사랑이 큰 울림으로 다가온다.

실베스터는 요술 조약돌로 엄마 아빠를 놀래 주려고 달려가다가 딸기 언덕에서 엄청 무섭게 생긴 사자를 만난다. 그런데 너무 놀란 나머지 얼토당토않게

'내가 바위로 변했으면 좋겠네.' 라고 말했다가 그만 바위가 되어 버린다. 그 뒤로 바위가 되어 딸기 언덕에 누운 채 엄마 아빠를 그리워하는 실베스터와, 온갖 끔찍한 상상을 하며 실베스터를 애타게 찾아다니는 엄마 아빠의 모습이 안타까움을 자아낸다.

실베스터와 부모님이 서로에 대한 안타까운 마음으로 추억과 그리움을 삭이는 동안, 계절은 봄, 여름, 가을, 겨울 그리고 다시 봄으로 이어진다. 부모님은 여전히 아들에 대한 애타는 그리움을 떨쳐 내지 못한다.

5월 어느 날, 엄마 아빠는 딸기 언덕으로 소풍을 가서 바위 위에 걸터앉는다. 그런데 그 바위가 바로 요술에 걸린

실베스터였던 것이다.

　마지막 장면에서 바위가 되었던 실베스터의 요술이 풀리고, 엄마 아빠와 만나 끌어안고 입을 맞추고 춤을 추고 눈물을 흘리는 모습은 밀물처럼 밀려오는 가족에 대한 두터운 사랑을 느끼게 한다.

윌리엄 스타이그

1907년 미국에서 태어난 그림책 작가이다. 예순이 넘어서 어린이 책 작가로 활동하기 시작했다. 가족이라는 테마를 주로 다루는 그의 그림책은 일정한 패턴을 유지하면서도 늘 따뜻함을 잃지 않는 것이 특징이다. 1982년 어린이 책의 노벨상이라 불리는 안데르센상을 받았다.

더 읽어 보세요

『치과의사 드소토 선생님』 윌리엄 스타이그 글·그림, 조은수 옮김, 비룡소
치과의사 드소토 선생님이 자신을 잡아먹으려는 여우를 꼼짝 못하게 하는 그림책. 뉴베리상 수상작
『부루퉁한 스핑키』 윌리엄 스타이그 글·그림, 조은수 옮김, 비룡소
심술부리는 아이 스핑키의 마음을 달래 보려는 가족들의 모습을 다룬 그림책. 심술 부리는 스핑키의 표정과 심리가 재미있다.
『멋진 뼈다귀』 윌리엄 스타이그 글·그림, 조은수 옮김, 비룡소
한껏 멋을 부린 꼬마 돼지 펄과 말하는 뼈다귀가 여우에게 잡혀 갔다가 벗어나는 이야기를 다룬 그림책. 따뜻하고 부드러운 색채가 마음을 사로잡는 매력적인 책이다. 칼데콧상 수상작

『아무도 내 이름을 안 불러 줘』

한국글쓰기연구회 엮음 / 보리

어린이는 시인이다

사람은 누구나 보고 듣고 느끼는 것을 표현하고 싶어한다. 그것은 노래가 되기도 하고 그림이 되기도 한다. 아이들이 글을 쓰는 일도 그 중 하나인데, 글을 쓰면서 억압된 마음이 해소되고 다른 사람을 이해하는 힘이 길러진다. 그리고 따뜻한 눈으로 세상을 바라보게도 한다.

내가 네 살 때 엄마와 과일장수 놀이를 했단다. 엄마가 손님이고 내가 과일장수다. 엄마가 "사과 얼마예요?" "500원이에요." "어휴 너무 비싸요. 좀 깎아 주세요." 그러자 나는 칼을 가져와서, "어떻게 깎아조요?" 이랬단다.〈좀 깎아 주세요〉

"상인아, 엄마 눈 속에 누가 있는지 봐라." 하고 말씀하셨다. 내가 어머니 눈 속을 자세히 들여다보니 내가 있었다. "상인이 눈 속에는 엄마가 있단다." 하고 말씀하셨다. 나는 너무나 신기했다. 어떻게 내 눈 속에는 어머니가 있고 어머니 눈 속에는 내가 있을까? 너무나 사랑해서 그럴까?〈어머니 눈 속에는 내가

있고, 내 눈 속에는 어머니가 있다 〉

어떤 아동심리학자도 이보다 더 생생하게 아이들의 심리를 그려 낼 수는 없을 것이다. 1, 2학년 아이들이 쓴 글을 모은 이 책에서 더없이 건강한 아이들을 만날 수 있다. 꾸밈없으면서도 제 할 말은 콕 집어 내는 아이들의 글이 주는 재미도 적지 않다. 아이들은 자기 또래들의 생각을 함께 나눌 수 있으며, 어른들에게는 아이들의 마음을 읽는 더없이 좋은 교과서가 되겠다. 글쓰기를 어려워하는 아이들에게 본보기 글로 보여 주거나 읽어 주면 글 쓰는 데 자신감을 갖게 할 수 있다.

한국글쓰기연구회
1983년에 결성된, 전국의 초·중·고등 학교 선생님들 모임이다. 글쓰기 운동을 통해서 어린이와 청소년의 참된 삶을 가꾸어 가는 일을 연구하고 실천한다. 처음과 달리 지금은 학교 밖 글쓰기 선생님들도 함께 활동하면서 '우리말 바로쓰기 운동'도 함께 하고 있다. e-mail : kulssgi@chollian.net

더 읽어 보세요
『내가 처음 쓴 일기』 윤태규 글, 김성민 그림, 보리
이제 막 학교에 입학한 아이들이 쓴 일기를 엮은 책이다. 일기쓰기를 지도하려는 목적을 가지지 말고, 다른 아이들의 글을 보면서 즐기게 하는 것이 좋다. 그러다 보면 자연스레 글 쓰는 힘도 늘어난다. 글을 읽는 것은 다른 사람과 마음을 나누면서 서로 소통하는 것이다.

『지각대장 존』

존 버닝햄 글·그림 / 박상희 옮김 / 비룡소

선생님, 제 이야기 좀 들어 보세요

6월

아이들의 세계에서는 어른들이 미처 이해할 수 없는 뜻밖의 사건들이 언제든지 일어날 수 있다. 이런 아이들의 세계를 이해할 마음이 애시당초 없는 권위적인 어른들이 아이들과의 거리를 좁힐 방법이란 있을 수가 없다.

"학교에 오는데 하수구에서 악어 한 마리가 나와서 제 책가방을 물었어요. 제가 장갑을 던져 주니까 그제서야 놓아주었어요. 그래서 지각했어요, 선생님."

"이 동네 하수구엔 악어 따위는 살지 않아!"

"학교에 오는데 덤불에서 사자가 튀어 나와 제 바지를 물어뜯었어요. 나무 위로 올라가 사자가 갈 때까지 한참 기다렸어요. 그래서 지각했어요, 선생님."

"뭐라고? 이 동네 덤불에는 사자 따위는 살지 않아!"

"학교 오는 길에 다리를 건너는데 산더미 같은 파도가 덮치는 거예요. 그래서 지각했어요, 선생님."

"내 살다살다 별 소리를 다 듣겠다. 말도 안되는 소리! 갇혀 봐야 정신을 차리겠군. 이 안에서 꼼짝말고 이렇게 500번 써라. 한 번만 더 거짓말을 하고 지각을 했다간, 이 회초리로 때려 줄 테다. 알겠냐?"

검은 학사모를 쓰고 몽둥이를 든 선생님은 자그마한 존 앞에서 길길이 날뛰면서 공포 분위기를 조성한다. 존은 자기 말을 도무지 믿으려 하지 않는 억압적인 선생님 앞에서 자꾸 작아지기만

32

한다. 그리고 300번 쓰고, 400번 말하고, 500번 쓰라는 위압적인 선생님의 폭력을 고스란히 받아 낼 수밖에 없다.

마지막 장면에서 선생님이 커다란 털북숭이 고릴라에게 붙들려 천장에 매달린 채 도와 달라고 소리칠 때 존은 가볍고 단호하게 말한다.

"이 동네 천장에 털북숭이 고릴라 따위는 살지 않아요, 선생님."

통쾌하다.

존 버닝햄

1937년에 영국에서 태어난 그림책 작가이다. 1964년 첫 번째 그림책인 「보르카 borka」로 영국에서 그 해 가장 뛰어난 그림책에 주는 케이트 그린어웨이상을 받았으며, 1970년 「검피 아저씨의 뱃놀이 Mr.Gumpy's Outing」로 같은 상을 한 번 더 받았다. 부드러운 느낌을 주는 조용한 색상을 즐겨 사용한다. 검고 가느다란 선을 사용한 캐리커처풍의 인물들이 주는 편안함과 친근감은 그가 세계적인 그림책 작가로 명성을 얻게 된 바탕이다. 그림책 작가인 헬렌 옥슨버리와 그림책의 세계, 아이들의 세계, 삶에 대해 이야기하며 부부로 살아간다.

더 읽어 부세요

「깃털 없는 기러기 보르카」 존 버닝햄 글·그림, 이진수 옮김, 비룡소
「내 친구 커트니」 존 버닝햄 글·그림, 고승희 옮김, 비룡소
「구름 나라」 존 버닝햄 글·그림, 고승희 옮김, 비룡소
「야, 우리 기차에서 내려」 존 버닝햄 글·그림, 박상희 옮김, 비룡소

『강아지똥』

권정생 글 / 정승각 그림 / 길벗어린이

세상에 쓸모 없는 것은 없단다

강아지똥 앞에 파란 민들레 싹이 돋아났어요.

"너는 뭐니?"

강아지똥이 물었어요.

"난 예쁜 꽃을 피우는 민들레야."

"얼마만큼 예쁘니? 하늘의 별만큼 고우니?"

"그래, 방실방실 빛나."

"어떻게 그렇게 예쁜 꽃을 피우니?"

"그건 하느님이 비를 내려 주시고, 따뜻한 햇볕을 쬐어 주시기 때문이야."

"그래애……. 그렇구나……."

강아지똥은 민들레가 부러워 한숨이 나왔어요.

"그런데 한 가지 꼭 필요한 게 있어."

민들레가 말하면서 강아지똥을 봤어요.

"……."

"네가 거름이 돼 줘야 한단다."

"내가 거름이 되다니?"

"네 몸뚱이를 고스란히 녹여 내 몸 속으로 들어와야 해. 그래야만 별처럼 고운 꽃이 핀단다."

강아지똥은 온몸이 비에 맞아 잘디잘게 부서졌어요. 부서진 채 땅 속으로 스며들어가 민들레 뿌리로 모여들었어요. 민들레 싹은 한 송이 아름다운 꽃을 피웠어요.

원문은 『똘배가 보고 온 달나라』(창작과비평사)에 실려 있다.

권정생

이 책의 출간은 우리 아동문학의 수준을 한층 높였다. 아동문학을 성인문학의 하위 개념으로 여기던 일반인들의 생각을 단번에 바꾸어 놓기도 했다. 우리 아동문학은 오랫동안 아이들을 세상물정 모르고 꽃밭에서 짝짜꿍이나 하는 철부지로 그려 왔다. 이런 아동관으로 쓰여진 동화는 아이들의 삶과 동떨어져 호소력을 가지지 못했다. 이 동화가 발표되던 1969년까지, 그리고 그 이후 오랫동안 그래 왔다. 그런 중에 발표된 「강아지똥」은 '철부지'인 아이들은 물론 세상에 존재하는 모든 것에 절실한 의미를 부여하면서 아동문학의 자리를 새롭게 매김하는 계기를 만들어 주었다. 권정생의 동화는 날카롭지만 따뜻함을 잃지 않는다. 그는 늘 어린이들이 살아가는 삶의 자리들에 마음을 둔다. 잘못한 아이를 향해 한 손에 매를 들고 한 손으로 어루만지는 어머니의 손길처럼 우리 아이들의 삶을 어루만진다.

땅에 뿌리를 두고 사는 뭇 생명들을 향한 끊임없는 애정은 그의 동화의 뿌리이다. 세상에 존재하는 모든 것들이 어떤 모습이든, 어떻게 살아가든 그 자체를 인정하고 끌어안는다. 그의 동화가 어떤 절박한 상황에서도 희망의 문학인 것은 이 때문이다. 사람이 아무리 낮은 곳에 있다 한들 강아지똥보다야 낫겠지 생각하면 무슨 일인들 못할까. 세상에 쓸모라고는 손톱만큼도 없다고 생각한 강아지똥도 눈부신 민들레꽃을 피워 내는 걸 보면서 용기를 갖고 희망을 갖게 될 것이다. 그 자신이 수십 년 동안 자신을 갉아먹는 병마와 싸우면서도 끊임없이 아름다운 동화를 써낼 수 있는 건 아마도 이처럼 아주 작은 사물 하나라도 가벼이 보지 않는 따뜻함 때문일 것이다.

『무지개 물고기』

마르쿠스 피스터 글·그림 / 공경희 옮김 / 시공주니어

은비늘 하나만 줄래?

아이들의 세계에서 동무들에게 따돌림받는 것만큼이나 큰 형벌은 없다. 혼자서는 아무리 좋은 것도, 아무리 기쁜 일도 의미가 없다는 것을 아이들은 너무나 잘 안다. 이런 사실은 무지개 물고기처럼 잘난 체하다가 동무들에게 따돌림을 당해 보고서야 알게 되는 것이다.

파랑, 초록, 자줏빛 비늘 사이에 반짝

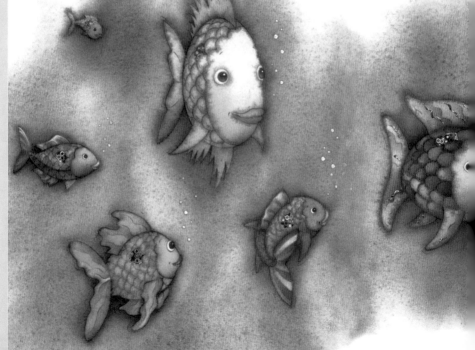

반짝 빛나는 은비늘이 박힌 물고기의 아름다움은 물고기들의 경탄을 살 만했다. 물고기들은 그 물고기를 무지개 물고기라고 부르며 같이 놀자고 했다. 하지만 무지개 물고기는 빼기고 으스대며 다른 물고기들을 무시했다. 그 결과 모두 곁을 떠나고 무지개 물고기는 혼자가 되어 외로움에 몸을 떤다.

"네 비늘을 다른 물고기들에게 한 개씩 나눠 줘라. 그럼 넌 바다에서 가장 아름다운 물고기가 되진 못하겠지만, 지금보다는 훨씬 행복해질 거다."

무지개 물고기는 문어 할머니 말씀을 생각하면서 오래도록 갈등한다. 그리고 결국 '혼자만의 아름다움' 보다 여럿이 서 누리는 '행복'을 선택한다.

주변에 모여드는 다른 물고기들에게 하나씩 떼어 준 비늘 덕분에 바다는 반짝이는 비늘을 가진 물고기들로 가득하고, 그 안에서 편안함을 느끼는 무지개 물고기는 친구의 소중함, 더불어 사는 삶의 의미를 천천히 깨닫게 된다.

반짝이는 무지개 물고기와 바다 속의 환상적인 분위기를 빌어 뻔한 주제를 아름답게 묘사했다. 그림만 읽어도 마음을 뿌듯하게 하는 그림책이다.

더 읽어 보세요

『날 좀 도와 줘, 무지개 물고기!』
마르쿠스 피스터 글·그림, 우미경 옮김, 시공주니어

무지개 물고기의 연작으로, 전편에서 은비늘을 하나씩 나눠 받은 친구들이 이번에는 다른 물고기를 따돌리는 이야기. 은비늘을 부러워하다가 그것을 갖게 되자 못 가진 물고기를 따돌리는 모습에서 가진 자들의 이기심을 경계한다.

『무지개 물고기와 흰수염고래』 마르쿠스 피스터 글·그림, 지혜연 옮김, 시공주니어

『용기를 내, 무지개 물고기!』 마르쿠스 피스터 글·그림, 송순섭 옮김, 시공주니어

『냇물에 뭐가 사나 볼래?』

도토리 기획 / 양상용 그림 / 보리

냇물에 사는 우리 물고기를 만나러 가요

이 땅과 하늘과 바다와 강에는 갖가지 모양을 한 생명체들이 저마다 독특한 방식으로 살아가고 있다. 이 책은 그 가운데 냇물에서 살아가는 물고기들의 삶터를 보여 준다. 섬진강 물줄기와 경기도 용문산, 삼악산, 계명산 자락을 누비며 여러 가지 물고기와 곤충과 물풀을 꼼꼼하게 살펴보고 그린 그림들을 보노라면 마치 강가에 와 있는 듯한 착각을 하게 된다.

'안녕? 나는 수달이야.' 하면서 수달은 시원한 물줄기가 쏟아져 내리는 강가로 독자를 안내한다. 너럭바위에서 시작하여 시냇가, 여울, 논, 못, 쏘가리 방죽, 강, 강가 모래밭 등 물가를 차례로 보여 준다. 그 곳은 갖가지 모양과 독특한 이름을 가진 우리 물고기와 벌레들과 식물들이 어우러져 살아가는 곳이다. 수달은 친근한 말로 이들을 하나하나 소개한다. 산골짜기에는 등이 우툴두툴한 옴개구리, 어기적어기적 도롱뇽, 찌찌 쯔이쯔이 물까마귀가 살고 있다. 가재랑 자가사리도 살고, 모래뭉치처럼 보이는 애벌레들도 살고 있다.

시냇가에는 물잠자리와 꼬리명주나비 등도 보인다. 짝짓기 철이라서 유난히 빛깔이 고운 피라미도 있고, 모래 속으로 파고들기 좋아하는 모래무지도 있다. 너럭바위에 이르니 느리게 헤엄치는 꺽지, 바위를 쪼는 돌고기, 피라미를 닮은 갈겨니, 수염 달린 미유기도 있다. 돌돌돌 물살이 빠른 여울에 이르니 왜가리와 해오라기가 먹이를 찾고 있다. 물 속에는 은어, 쉬리, 왕종개 등이 아름다운 자태를 뽐낸다.

논에 오니 미꾸라지, 개구리, 우렁이, 뱀, 드렁허리 등이 서로 먹이를 찾으며 제각기 자기 색깔을 뽐내고 있다. 못에는 물풀, 연꽃, 마름, 부들 같은 식물들과 흰뺨검둥오리, 하루살이, 개구리 들이 서로 어울려 살아간다. 못에는 이들뿐만 아니라 각시붕어, 송사리, 붕어, 잉어, 가물치 들이 무리를 이루고 산다. 쏘가리 방죽에서는 예쁜 반딧불이 들판을 아름답게 수놓는다. 강가에 이르니 누치, 꾸리, 꺽정이, 뱀장어 등 온갖 물고기들이 자라고 있다.

우리 산과 강과 들판은 이런 뭇 생명들이 살아가는 삶터라는 사실을, 그들은 우리와 더불어 살아가는 생명체라는 사실을 수묵담채화의 차분한 그림과 쉽고 친근한 글로 이야기 한다. 손에 잡힐 듯한 생명체들의 움직임이 따뜻한 감성을 되살려 낸다. 아이들과 함께 강과 들판으로 나가 무엇이 살고 있는지 살펴보는 계기로 삼아도 좋겠다. 부록으로 이야기에 등장하는 물고기들에 대한 자세한 정보를 실어 생태계에 대한 지식을 얻는 데 도움을 준다.

더 읽어 보세요
「갯벌에 뭐가 사나 볼래요」
도토리 기획, 이원우 그림, 보리
「고기잡이」박구병 글, 이원우 그림, 보림
「미산 계곡에 가면 만날 수 있어요」
한병호 글・그림, 고광삼 사진, 보림
「고래는 왜 바다로 갔을까」
과학아이 글, 엄영신・윤정주 그림, 창작과비평사

1학년

『우리 할아버지가 꼭 나만했을 때』

전래동요 / 주경호 인형제작 / 보림

놀자, 얘들아 놀자

타임머신을 타고 할아버지의 어린 시절로 잠시 여행을 떠나 보자.

시골 아이들이 초가집 뒷마당에서 술래잡기를 하고 있다. '솔개미 떴다 병아리 숨어라 에미 날개 밑에 애비 다리 밑에 꼭꼭 숨어라 나래미가 나왔다' 하는 노래가 들릴 듯하다.

그뿐 아니다. 마을 골목에선 동네 개구쟁이들이 모여 '앞니 빠진 덜걱이 뒷니 빠진 덜걱이 우물가에 가지 마라 붕어 새끼 놀란다 밥 푸는데 가지 마라 밥주걱에 뺨 맞는다' 하면서 또다른 놀이가 한창이다.

이렇게 할아버지가 꼭 나만했을 때 아이들이 집 안마당에서 골목으로, 들로, 산으로 뛰어다니며 말타기, 놀려주기, 가재잡기 등을 하며 노는 모습이 함께 실린 27편의 동요의 노래말과 어우러진다.

노래말의 배경이 되는 집과 마을, 풀과 나무, 동물들 모습은 흙, 점토, 나무, 돌, 솜, 깡통 등 온갖 재료를 이용하여 정겨운 시골 분위기를 생생하게 살려낸다. 작가가 점토로 만든 인형에다 직접 물들인 헝겊옷을 입혀 등장시킨 한국의 아이들은 한국의 풍경과 어우러져 토속적인 분위기를 자아낸다.

더 읽어 보세요.

『노래노래 부르며』 이원수 외 작사, 홍난파 외 곡, 장홍을 그림, 길벗어린이

『이원수 시에 붙인 노래들』 이원수 시, 백창우 곡, 보림

『존 선생님의 동물원』

이치카와 사토미 글·그림 / 남주현 옮김 / 두산동아

다치고 병들고 갈 곳 없는 동물들 치료해 주어요

흔히 아이들에게 '동물을 사랑해야 한다'라고 말하지만 구호에 머물 때가 많다. 책도 거기서 크게 벗어나진 않겠지만, 작가가 어떤 관점에서 다루는가에 따라 그것은 아이들 마음을 변화시키는 요소가 되기도 하고, 단순히 구호에 머무르기도 한다.

이 책은 다른 동물들의 공격을 받았거나, 병들었거나, 버림받았거나, 나이를 먹어 걷지 못하는 온갖 동물들이 존 선생님의 따뜻한 사랑과 보살핌을 받는 모습을 담고 있다.

존 선생님은 둥지에서 떨어져 삐이삐이 울고 있는 작은 새가 혼자서 날 수 있도록, 덫에 걸리거나 자동차에 치인 새는 잘 달리거나 날 수 있도록 돌본다.

또 기르기가 귀찮거나 별 도움이 안 될 것 같아 버림받은 동물들도 거두어 보살펴 준다.

존 선생님은 동물들이 무엇을 원하는지, 무엇을 좋아하고 싫어하는지를 훤히 안다. 따뜻한 곳에서 살던 거북이가 추위에 약하다는 사실도, 앵무새 폴리는 해바라기씨, 바나나, 포도, 비스킷 따위를 좋아한다는 사실도, 당나귀가 홍당무를 좋아한다는 사실도 다 안다.

노라는 존 선생님의 손등과 어깨, 자신의 무릎과 어깨 사이를 즐겁게 오르내리는 동물들을 보며 그들과 하나가 되는 듯 마음이 따뜻해진다. 섬세하게 묘사된 동물과 존 선생님과 노라 모두가 자연의 일부로 다가온다.

『까막나라에서 온 삽사리』

정승각 글·그림 / 통나무

까막나라를 밝힌 용감한 불개 이야기

개는 사람과 워낙 친숙하게 지내서 한 가족처럼 여겨져 왔다. 그래서인지 동화에 개가 등장하는 일은 아주 흔하다. 개는 최근의 어린이 책에서도 맹활약을 하며 주요 인물로 부상하고 있다.

우리 나라 토종개인 삽사리의 탄생 과정을 다룬 이 책은 개를 주인공으로 하는 요즘의 이야기와 달리 신화에 그 바탕을 둔다. 삽사리는 예로부터 귀신 쫓는 개라 하여 그 그림을 문에 붙여 놓고 액막이로도 사용했는데, 자그마한 몸집에도 불구하고 주인에게 충직하고 영리하여 사랑을 듬뿍 받으면서 사람과 동고동락해 왔다.

주인공 삽사리는 불이 없는 까막나라를 밝히기 위해 해와 달을 차례로 오가며 죽을 위기를 맞는다. 그러나 우여곡절 끝에 불을 가져다 마침내 어둠을 몰아낸다는 이야기가 긴장감 있게 전개된다. 우리 옛 이야기에 작가가 상상력을 발휘하여 다시 쓰고 그린 그림책이다.

훈민정음체로 된 글자체, 화려하고 전통적인 선과 색으로 그린 그림에는 어떤 고난에도 물러서지 않는 불개의 용기와 용맹함 따위가 살아 있다. 어려움에 처한 나라를 돕기 위해 목숨을 걸고 불을 구하러 나선 불개가 낳은 삽사리는 바로 수난의 역사를 지나오면서도 꺾이지 않는 우리 겨레를 상징한다.

외국 그림책이 범람하는 가운데서 우리 겨레의 멋과 정신을 당당하게 드러내는 우리 그림책이다.

정승각

정승각은 우리 옛 그림의 아름다움과 여유로움을 어린이 그림책에 적극 도입한 그림책 작가이다. 조선 시대 민화를 연상시키는 그의 그림은 서양적 색채에 길들여지기 쉬운 어린이들에게 우리 고유의 색감과 정서를 전달해 준다. 그는 이를 위해 목판화 – 탱화 – 민화 등 전통회화 기법을 활용한다. 토종개 삽사리가 빛을 가지고 온다는 이야기 『까막나라에서 온 삽사리』에는 탱화 기법을 도입하여 강렬한 시각적 효과를 노렸다. 고구려 고분 벽화 현무 – 주작 – 청룡 – 백호의 모습을 되살리기 위해 먹색 – 적색 – 청색 바탕 위에 금니(금박가루를 아교풀에 갠 것)를 동원하였다. 『강아지똥』에선 보잘것없는 강아지똥이 자신의 온몸을 녹여 민들레꽃을 피우는 감동적인 이야기를 한지에 번지는 은은한 색채로 표현했다. 그는 어린이들과 함께 벽화를 그리는 것으로도 유명하다. 지난 87년 수해 지역인 경기도 광명시 하안동 마을에서 '물난리 난 우리 집'이란 벽화를 그린 이후 매년 어린이들의 생활 이야기가 담긴 벽화를 골목길이나 놀이터에 장식하고 있다.

– 조선일보, 1997년 6월 3일자 중에서

더 읽어 보세요

『**강아지똥**』 권정생 글, 정승각 그림, 길벗어린이

『**오소리네 집 꽃밭**』 권정생 글, 정승각 그림, 길벗어린이

『**황소 아저씨**』 권정생 글, 정승각 그림, 길벗어린이

『귀머거리 너구리와 백석 동화나라』

백석 글 / 이수지 그림 / 웅진닷컴

운율이 있는 동화

일제 치하에서 해방 이전까지 향토색 짙은 소재로 일반 문단의 주목을 받아 온 백석은 아동문학에도 남다른 관심을 갖고 있었다. 그가 남긴 얼마 되지 않는 글 가운데 아동문학평론과 동화시라는 새로운 형태의 작품은 아동문학에 대한 그의 관심을 미루어 짐작하게 한다.

백석의 작품은 아동문학에 대한 사회적 이해가 부족했던 탓이기도 했지만, 재북 시인이라는 꼬리표 때문에 오랫동안 어둠에 묻혀 있었다. 그나마 1980년대 이후 월북·재북 문인들의 작품이 해금되면서 그의 작품들이 빛을 보게 된 것은 다행스런 일이다.

동화시는 동화적인 내용을 시적인 형태로 형상화한 작품이다. 운율이 있는 동화라고 할 수 있겠다. 이 책에 실린 네 작품도 그런 범주에 속하는데, 어느 한 면만 보고 전체를 판단하는 어리석음에 대하여 이야기하는 「귀머거리 너구리」, 마음 착한 개구리와 개똥벌레, 하늘소, 쇠똥구리, 방아깨비, 소시랑게 들이 서로 도움을 주고받는 모습을 그린 「개구리네 한솥밥」, 집게 네 형제 중 자신의 겉모습을 부끄러워하던 삼 형제와 자기 모습대로 당당하게 사는 막내 집게를 대비시킨 「집게네 네 형제」, 뼈 없는 오징어가 잃어버린 자기 뼈를 찾는 모습을 그린 「오징어와 검복」 등 단순한 주제를 운율에 실어 놓아 노래하듯이 읽어 나가는 맛이 새롭다.

백석

1912년 평북 정주에서 출생하고 오산고보를 졸업했다. 재북 문인으로 1957년 북한에서 동화시집 『집게네 네 형제』를 출판했으며 여러 편의 아동문학평론도 남겼다. 1988년 월북 작가 해금 이후 비로소 백석의 작품을 볼 수 있게 되었고, 지금은 『백석전집』(실천문학)을 통해 그의 맛깔스런 작품을 모두 만날 수 있다.

더 읽어 보세요
『집게네 네 형제』 백석 글, 양나리 그림, 한국어린이교육연구원
『개구리네 한솥밥』 백석 글, 유애로 그림, 보림

사람들에게 특히 아동들에게 무엇이 좋으며 무엇이 나쁜가를, 무엇이 아름다우며 무엇이 아름답지 아니한가를, 무엇이 참되며 무엇이 참되지 아니한가를 판별하는 총명을 가르쳐 주기 위하여, 세계를 인식하며 신비를 규명하며 사람의 창조적 의지를 환기시키기 위하여, 그 시대의 꿈, 이상, 염원을 표현하기 위하여, 인간의 실제적인 그리고 부단히 성장하는 위력에 대한 동경과 이상을 표현하기 위하여, 인민 대중 속에 있는 긍정적 자질들을 한 주인공에게 부여함으로써 영웅을 형성하기 위하여, 모든 자연과 동물(바람, 해, 달, 물, 추위, 더위, 꽃, 열매, 범, 승냥이, 토끼 등) 그리고 인간의 손으로 창조된 모든 사물을 인격화하여 그것들을 실재물처럼 생존하게 하면서 환상적 형상 속에 사고하고 행동하게 하는 문학의 한 장르가 곧 동화이다. 〈조선문학, 1956년 5월〉
— 『백석전집』(실천문학사) 중에서

『엘로이즈와 늑대』

마라-엘렌느 덴발 글 / 율리시즈 웬셀 그림 / 홍성혜 옮김 / 마루벌

투명한 겨울 숲에서
펼쳐지는 동심의 세계

유리알처럼 투명한 겨울 숲이 환상적으로 펼쳐지는 그림이 눈길을 끈다. 그 속에서 살아가는 어린 엘로이즈나 동물들은 순수한 동심의 세계를 간직하고 있다.

바닷가 절벽 위에 할머니와 단 둘이 사는 엘로이즈는 크리스마스가 가까워 오는 어느 추운 날 땔감을 구하러 숲으로 들어간다. 숲은 엘로이즈의 마음을 반영하듯 티끌 하나 없이 깨끗하다. 하늘은 손을 대면 쨍! 하고 깨질 것처럼 투명하다.

겨울 숲에서 나무를 하던 엘로이즈는 추위에 떠는 어린새에게 빵을 나누어 준다. 덫에 치여 우는 아기곰도 구해 준다. 그러는 동안 날이 어두워져 엘로이즈는 길을 잃고 쓰러진다. 그 순간에 회색빛 날카로운 눈을 번득이는 늑대 무리가 다가온다. 엘로이즈를 사냥꾼이라고 여기고 잡아먹으려는 것이다.

그러나 위기의 순간에 엘로이즈에게 도움을 받았던 어린새의 가족과 아기곰의 가족이 나타난다. 그들은 늑대 무리를 쫓아 내고 엘로이즈를 구한다. 늑대들은 멀리 사라지고 엘로이즈와 동물들은 갈매기가 안내하는 길을 따라 집으로 향한다.

이 책은 엘로이즈와 동물들의 순수한 동심이 지배하는 숲을 환상적인 분위기의 글과 그림으로 연출하면서 권선징악이라는 주제를 효과적으로 전달한다.

『여행 그림책』

안노 미쯔마사 그림 / 한림출판사

명화를 찾아 떠나는 여행 그림책

글자 한 자 없이 이국적인 풍경과 더불어 여행의 묘미를 한껏 즐기게 하는 장치들이 곳곳에 숨어 있는 매력적인 책이다. 말을 타고 여행하는 주인공을 따라가다 보면 유럽의 여러 풍광과 함께 페이지 곳곳마다 숨겨진 세계 명화를 만날 수 있다.

밀레의 '이삭줍기', '장화를 신은 고양이'에 나오는 사람들, '톰 소여의 모험'의 톰이 벽에 페인트를 칠하는 장면, 작곡을 하는 베토벤, 그림을 보고 있는 고흐, 그리고 '하멜른의 피리 부는 사나이', '잠자는 숲 속의 공주', '브레멘의 음악대' 등 익히 보고 들어 온 수십 가지의 장면들은 낯선 여행지에서 익숙한 얼굴을 만나는 것 같은 즐거움을 준다.

페이지마다 배치된 조그만 그림들을 찾기 위해 마음을 집중하다 보면 주조색으로 쓰인 연초록의 배경과 함께 세밀하게 그려진 그림들이 오히려 글보다 더 많은 이야기를 한다. 여행지를 옮겨 다니며 새로움에 눈뜨는 경험을 풍부하게 제공하여 아이들의 눈과 마음이 드넓은 세상을 향하게 하는 그림책이다.

더 읽어 보세요

『함께 세어 보아요』 안노 미쯔마사 글·그림, 마루벌
『수학그림책』 안노 미쯔마사 글·그림, 한림출판사
『커다란 것을 좋아하는 임금님』
안노 미쯔마사 글·그림, 송해정 옮김, 시공주니어

『돼지책』

앤서니 브라운 글·그림 / 허은미 옮김 / 웅진닷컴

너희들은 돼지야!

책 표지를 보면 돼지에 대해서 다룬 책 같은 느낌이 전혀 없다. 표지 그림을 보아도 엄마가 좀 시무룩해 보이긴 하지만 아빠와 두 아들은 너무나 행복한 모습이다. 풍자의 대가 앤서니 브라운을 좋

아하는 독자들이라면 이쯤에서 아하, 하고 감을 잡을 것이다. 이 책은 집안에서 남자들이 알게 모르게 갖고 있는 가부장 의식을 비판하고, 한 여성으로서 엄마와 아내를 인정해야 한다는 메시지를 담고 있다.

피곳 씨 집에는 두 아들이 있다. 보통의 집에서 그러하듯이 이 집에서도 피곳 씨는 '중요한 회사에 나가야 하기 때문에', 아이들은 '중요한 학교에 가야 하기 때문에' 당연히 아내에게, 엄마에게 '빨리 밥 줘'라고 큰 소리로 외친다. 피곳 부인은 날마다 반복적으로 밥하고, 설거지하고, 청소를 해야만 한다. 물론 피곳 부인이 하는 일에는 '아주 중요한'이란 수식어가 붙지 않는다.

저녁이 되면 역시 세 남자는 '빨리 밥 줘요'라고 말할 뿐이다. '아주 중요한 학교'와 '아주 중요한 회사'에서 '아주 중요한 일'을 하고 돌아왔기 때문이다. 남자들은 밥을 먹고 나면 TV를 보고, 피곳 부인은 또다시 설거지와 빨래와 다림질 따위를 하기에 바쁘다.

어느 날 저녁, 피곳 부인은 '너희들은 돼지야'라는 메모를 남기고 사라진다. 가족이라는 이름으로 함께 살아가지만 여성은 엄마와 아내의 몫을 다 감당해야 하고, 남자들은 여자의 희생을 바탕으로 권리만 누린다. 이 그림책은 이런 잘못된 사고방식에 반기를 들고 있다.

피곳 부인이 사라지자 세 남자들은 아무것도 할 수 없는 무기력한 돼지의 모습이 되어간다. 그리고 차츰 엄마와 아내의 존재에 대해서 생각하게 된다. 결론은 세 남자가 그 동안 엄마만의 몫이라고 여겼던 집안일을 나누어 하면서 서서히 재미를 느껴가는 것으로 마친다.

앤서니 브라운은 여기서 남성이나 여성이나 즐거운 삶의 권리를 누리기 위해 각자에게 주어진 의무도 '즐겁게 함께 나누어 지자'고 말한다. 간결하고 유머러스한 글과 그림으로 세상의 권위적인 질서와 편견을 풍자하는 앤서니 브라운 버전의 멋진 그림책이다.

『팥죽 할멈과 호랑이』

서정오 글 / 박경진 그림 / 보리

팥죽 한 그릇 주면 안 잡아먹지

아이들은 다 아는 옛 이야기인데도 들을 때마다 깔깔대고, 몇 번씩 들어서 훤히 알면서도 '또 해 줘!' 하고 조른다. 그건 옛 이야기에서 다루는 내용이나 등장하는 인물들이 아이들의 심리와 일치하는 부분이 많기 때문이다.

저학년 아이들은 대부분의 상황이나 사람을 '좋은 일인가, 나쁜 일인가', 혹은 '착한 사람인가, 악한 사람인가' 구분하기를 좋아한다. 그리고 자신을 착한 주인공 쪽에 세워 두고 악한 인물을 물리치는 데 쾌감을 느낀다. 옛 이야기의 큰 주제인 권선징악은 이런 아이들의 심리에 잘 맞아 떨어진다.

아이들은 악한 인물로 설정된 호랑이(지배자)가 늘 짓밟혀 온 약자인 할멈을 '잡아먹으러 왔다'고 했을 때 긴장한다. 그러나 아직은 호랑이에게 어떻게 대항해야 할지 모른다. 그래서 근심걱정에 쌓인 할머니를 바라보며 '어떻게 해요, 할머니' 하는 눈빛을 하는 까치들이나 강아지와 한 마음이 된다.

연분홍 매화꽃이 뚝뚝 떨어지는 봄에서 장독대에 널린 고추와 감나무에 매달린 감이 활활 붉어지는 가을을 지나 눈발이 흩날리는 한겨울 부엌으로 화면이 옮겨가면서 할머니의 근심은 점점 고조된다. 마침내 호랑이가 나타나자 밤톨이 '퍽' 하고 튀어나와 '탁' 하고 호랑이 눈을 때리는 것을 시작으로 자라, 쇠똥, 맷돌, 지게, 멍석 들이 등장하여 호랑이를 집중 공격한다. 혀를 쭉 빼물고

널브러진 호랑이를 보며 힘없는 백성들이 지혜를 모아 포악한 지배자에 맞서 승리하는 통쾌함을 맛보게 한다.

읽으면 그대로 이야기가 되는 구수한 입말로 쓰여진 글과 갈고리, 싸리빗자루, 개다리소반, 맷돌, 지게, 커다란 무쇠솥, 장작 등 소품들이 전체 배경과 함께 어우러져 한국적인 정서를 풍부하게 담아 내면서 우리 그림책의 품격을 한껏 높여 주는 책이다.

옛 이야기 그림책에 대하여

글이 없던 시대에 입에서 입으로 전해지던 옛 이야기가 글로 정착되면서 본래의 맛이 많이 사라져 버려 아쉬움이 크다. 옛 이야기 작가 서정오는 글말로 된 것을 다시 입말로 되살려내는 데 큰 역할을 했다. 입말체로 된 글은 읽기만 하면 그냥 이야기가 된다. 이런 옛 이야기에는 사람이 기본적으로 갖추어야 할 덕목들이 풍부하게 녹아 있다. 그래서 '젊어지는 샘물'이나 '혹부리 영감'을 들으면서 욕심을 부려서는 안 된다는 것을 깨닫고, '소가 된 게으름뱅이'를 읽으면 게으름을 피워서는 안 된다는 걸 깨닫는다. 힘없는 사람들이 모여 포악한 지배자를 물리칠 수 있다는 슬기도 배운다. 어머니들이 아이들에게 골라 주는 책이 옛 이야기여야 하는 까닭이 여기에 있다.

더 읽어 보세요

『재주 많은 다섯 친구』 양재홍 글, 이춘길 그림, 보림

『훨훨 날아간다』 권정생 글, 김용철 그림, 국민서관

『사윗감을 찾아 나선 두더지』 김향금 글, 이영원 그림, 보림

『반쪽이』 이미애 글, 이억배 그림, 보림

『산타 할아버지』

레이먼드 브릭스 글·그림 / 박상희 옮김 / 비룡소

할아버지, 빨리요 빨리!

12월이 되면 많은 아이들은 마음이 설렌다. 산타 할아버지에게 받을 선물을 기대하고 상상하는 즐거움 때문이다. 선물을 받는 건 늘 즐겁다. 이 책을 읽으면서 그 즐거움을 나누어 주는 산타 할아버지를 만나 보자.

크리스마스 이브가 되자 깊은 잠에 빠져 있던 할아버지는 요란한 자명종 소리에 잠을 깬다. 그리고는 '아니 또 크리스마스잖아!' 하면서 마치 늦잠 자고 싶어서 학교 가기 싫어하는 아이처럼 투덜거린다.

연신 하품을 하고 겨울이 너무 싫다고 투덜대지만, 차를 마시고 푸카푸카 세수를 한 다음 간단한 식사를 마친다. 머리칼 없는 머리와 수염을 열심히 빗고 빨간 재킷과 산타 모자도 갖추어 쓴다. 빈 집을 지킬 야옹이와 멍멍이를 쓰다듬어 주고, 순록에게 마차를 매어 선물을 나누어 주러 출발한다. 날씨는 엄청나게 쏟아지던 눈이 진눈깨비로 바뀌다가 안개로 바뀌는 등 최악이다.

더 읽어 보세요

『크리스마스 선물』 토비 포워드 글, 루스 브라운 그림, 심재중 옮김, 국민서관

『있잖아요, 산타 마을에서는요…』 가노 준코 글, 구로이 켄 그림, 고향옥 옮김, 길벗어린이

『크리스마스 선물』 존 버닝햄 글·그림, 이주령 옮김, 시공주니어

『종이 괴물의 첫 번째 크리스마스』 루이 트롱댕 글, 김미선 옮김, 아이세움

『눈 오는 날』 에즈라 잭 키츠 글·그림, 김소희 옮김, 비룡소

할아버지는 이런 변덕스런 날씨를 뚫고 눈이 하얗게 쌓인 마을에 도착하여 여러 가지 형태로 된 집을 돌면서 선물을 나누어 준다. 그러면서도 여전히 굴뚝에 들어가면서 옷에 검댕이 묻었다고, 날씨가 너무 춥다고 투덜거린다. 장면 사이사이에 배치된 시계들은 할아버지의 움직임에 따른 시간의 흐름을 알려 준다.

새벽 6시가 다 되어서 드디어 선물을 다 나눠 준 할아버지는 어둠이 걷히고 서서히 해가 떠오르는 가운데 집으로 돌아온다. 그리고는 '야호! 집에 왔다!' 하며 마치 어려운 숙제를 풀고 난 어린 아이처럼 즐거워한다.

차를 마시고 따뜻한 물에 목욕을 하면서 크리스마스를 무사히 치러 낸 것에 안도하는 할아버지 모습이 더없이 친근하게 다가온다.

그림책이면서 만화스타일인 그림은 할아버지의 몸짓, 표정, 움직임 들이 다양하게 표현되어 있어서 장면 변화를 좋아하는 아이들 마음을 사로잡을 만하다. 이웃집에서 언제라도 만날 수 있을 것 같은 서민적인 인상으로 다가오는 산타 할아버지가 연출하는 따뜻한 분위기에서 크리스마스가 주는 느낌들이 풍부하게 살아난다. 케이트 그린어웨이상을 받은 작품이다.

『정말 그런 인종이 있을까?』

실비아 론칼리아 글 / 크리스티아나 체레티 그림 / 채윤경 옮김 / 서광사

지구촌 사람들에 대한 인식을 돕는 책

'나'는 수업 시간에 세상과 인종에 대해 배운다. 그리고 나는 선생님의 이야기를 통해서 여러 인종이 모여 사는 지구를 인식한다.

지구는 춥기도 하고 덥기도 하며 부유한 지역도 있고 가난한 지역도 있다. 어떤 곳은 밭곡식이 잘 되고 어떤 곳은 벼농사가 잘 된다. 과일이 잘 되는 곳이 있고 전혀 농사를 지을 수 없는 곳도 있다. 사람들은 종족이 다르고 피부색도 다르다. 황인종이 있는가 하면 흑인도 있고 백인도 있다. 종교도 언어도 모두 다르다.

선생님이 내준 '이 세상의 여러 인종들'이라는 주제를 조사하기 위해 빌려 온 책에는 한 여인이 팔에 아기를 안고 있다. 그림 밑에는 '시니카 여인'이라고 씌어 있었다. 나는 사전을 찾아가며, 시니카 족은 몽고인에 속하며 황인종이라는 사실을 알게 되었다. 책을 보여 달라

고 다가온 동생 삐노는 다만 '엄마와 아기'라고 말한다. 그 다음에는 피부가 검고 머리카락이 꼬불꼬불하며 넙적한 코를 가진 여인과 아기가 있다. 사전에는 '남아프리카의 쭐루 여인'이며 쭐루족은 흑인종에 속한다고 씌어 있다. 그 다음에는 하얀 피부를 한 여인과 아기, 티베트 여인과 아기, 그린란드, 파키스탄, 일본, 아랍, 체로키 여인들이 아기를 안고 있었다.

삐노는 이 그림에서 저 그림으로 옮겨가면서 자꾸자꾸 말한다. '엄마와 아기'라고. 그렇다. 그들은 모두 엄마와 아기일 뿐이다. 종교나 피부 색깔이 다르다 해도 그저 엄마와 아기일 뿐이다. 누구나 사람과 사람으로 만나 더불어 살아가면 되는 것이다.

풍부한 상상력을 불러일으키는 그림, 그림선을 따라 다양한 형태를 취하는 글자 모양이 눈길을 끈다. 단순하고 담백한 방법으로 세상과 인종에 대해 명료한 인식을 돕는 책이다.

외국동화를 고를 때

하나, 서구인들의 가치관이 강하게 반영된 세계명작 중심에서 벗어나 보편적 정서와 가치관을 담고 있어야 한다.
둘, 국가와 인종, 피부 색깔, 직업, 성, 종교 등 어떤 이유로도 편견이 없어야 한다.
셋, 반드시 번역자 이름이 있는 책을 고른다. 번역자 이름이 없거나 편집부 등으로 표시된 책은 번역에 대한 책임을 지지 않겠다는 뜻이기도 하다. 무책임한 번역은 책의 가치를 떨어뜨린다.
넷, 외국동화는 반드시 완역된 책을 고른다. 줄임판으로 된 책은 완역된 책이 주는 가치와 즐거움을 놓치게 한다.
다섯, 주제와 제재를 문학 작품으로서 품격을 갖추어 다루어야 한다.
여섯, 여러 나라의 책을 고루 선택한다.
일곱, 사물의 본질에 가까운 색으로 그림을 그린 책을 고른다. 애니메이션 명작 가운데는 원색을 사용하여 색에 대한 감각을 잃게 하는 책이 많다.

2학년에게 권하는 책

책읽기, 그 새로운 세계

아이가 한 학년 더 올라가니 많이 의젓해졌지요? 하지만 학년 초는 아직 1학년에 가깝습니다. 학년이 올라갔다고 해서 갑자기 수준을 높이면 아이의 마음에 짐이 됩니다. 천천히, 조금씩 수준을 높이세요. 세상을 향한 아이의 관심도 조금씩 넓어지기는 합니다만, 아이들은 여전히 자기 주변에서 일어나는 일에 관심이 많습니다. 그러므로 아이들의 생활에 기반을 둔 국내외의 창작동화와 옛 이야기, 동시 들을 중심으로 권해 주세요.

아무래도 수준을 더 높여야 할 것 같습니까? 아직 너무 욕심내지 마세요. 1학년에 비해 글의 양이 많은 책을 읽을 수는 있지만, 긴 글을 읽어 내려면 동화를 좀더 읽어야 합니다. 이 시기 아이들은 동화에 등장하는 인물에 자기를 동일시하면서 책을 읽는 즐거움을 느끼고 새로운 언어들도 배워 갑니다. 글을 읽어 내는 힘도 많이 길러집니다. 어휘력도 확장되겠지요.

아이들의 특징 가운데 하나는 새로운 것에 대한 궁금증이 대단히 많다는 것입니다. 아이들이 갖는 이러한 지적 욕구를 채워 준다는 명분과 학교 공부에 도움을 주어야 한다는 목적을 앞세워 지식책을 중심으로 책읽기를 시키는 경우가 많습니다. 그러나 아이의 책읽기는 또다른 어떤 목적을 위해서가 아니라 오로지 즐거움 그 자체를 위해서 하는 것입니다. 오직 어떤 책이 아이에게 즐거움을 줄 수 있는가를 생각하시기 바랍니다.

2학년쯤 되면 학교에서 독후감 숙제가 주어지기도 합니다. 집에서도 아이들이 책을 읽으면 반드시 독후감을 요구합니다. 그런데 아이들은 독후감을 써야 한다는 부담감 때문에 책을 읽는 것을 기피하기도 합니다. 독후감을 쓰는 것이 나쁘다고는 할 수 없지만, 그것이 책을 읽는 목적이 되어서는 곤란합니다. 이 시기엔 간단한 줄거리에 자기 느낌을 간단히 적는 정도만 해도 좋습니다. 아이와 함께 같은 책을 읽은 느낌을 이야기한 다음 그것을 글로 정리하게 하면 좀더 쉽게 쓸 수 있습니다.

2학년 아이들을 위해서는 삶의 이야기를 다룬 국내외 문학책과 옛 이야기, 그림책을 중심으로 골랐습니다. 글의 양이 더 많아지고 그 글에서 다루어지는 내용의 수준이 조금 높아진 점 외에는 1학년과 별반 달라진 것이 없습니다.

책을 읽는 것은 삶과 동떨어져 생각할 수 없습니다. 그러니 책을 읽고 새로 알게 된 깨달음을 생활에서 실천하는 태도를 길러 주세요. 잘못된 일에 대해서는 물론 비판하는 태도도 키워 주어야 하겠지요. 그래서 적극적이고 주체적인 태도로 책을 읽고 즐길 수 있도록 도와 주세요.

『만년샤쓰』

방정환 글 / 김세현 그림 / 길벗어린이

불우한 환경에서도 유머와
용기를 잃지 않았던 아이

"이 없는 동물이 무엇인지 아는가?"

"이 없는 동물은 늙은 영감입니다."

"성냥 한 개비의 불을 잘못하여 한 동네 삼십여 집이 불에 타 버렸으니, 성냥 단 한 개비라도 무섭게 알고 주의해야 하느니라."

"한 방울씩 떨어진 빗물이 모이고 모여 큰 홍수가 나는 것이니, 누구든지 콧물 한 방울이라도 무섭게 알고 주의해 흘려야 하느니라."

이렇게 익살을 떠는 창남이는 고등 보통학교 1학년(지금의 초등 학교 6학년)의 인기 만점인 소년이다. 창남이는 남이 걱정할 때는 우스운 말을 잘 지어 내고, 동무들에게 곤란한 일이 있을 때는 좋은 의견도 내놓아 모두가 좋아한

다. 다 떨어져 너덜거리는 신발에 궁둥이를 조각조각 붙인 바지를 입고 학교에 오면서도 언제나 쾌활하고 씩씩하다. 그래서 그가 20리 밖에서 눈먼 어머니와 찢어지게 가난하게 산다는 사실을 아무도 모른다.

그런데 체육 시간에 선생님의 호통에 마지못해 겉옷을 벗은 창남이의 웃통은 맨몸이었다. 창남이는 동네에 화재가 나서 이웃들이 떨고 있자 자기 옷을 벗어 주고는 맨몸으로 학교에 온 것이다. 더구나 눈먼 어머니는 아들이 따뜻하게 입었다고 거짓말하는 것도 알아차리지 못한다. 이런 사연을 알게 된 선생님도 아이들도 눈물을 흘린다.

창남이는 일제 강점기인 당시는 물론 오늘날 어린이들에게도, 어려운 환경 가운데서도 용기를 잃지 않고 자기보다 더 어려운 이웃을 도와가며 씩씩하게 살아가라고 일깨워 주는 우리 동화의 빛나는 캐릭터이다. 일각에서 창남이가 자기도 추위에 떨면서 어떻게 남을 도울 수 있겠냐며 거짓스럽다는 비판도 있었지만, 사람은 자기보다 더 어려운 이웃을 보면 돕고 싶은 마음이 들 수도 있는 것이다. 설령 현실에서 불가능해 보이는 일도 가능하게 하는 것이 문학의 힘이다. 이 동화는 이런 점을 잘 살려 내고 있다. 당시의 시대적 배경과 인물들의 표정과 옷차림을 사실적으로 살려 낸 김세현의 그림은 더욱 실감나는 분위기를 연출한다.

『토끼 불알을 만진 노루』

어린이도서연구회 엮음 / 우리교육

우스운 이야기

"에, 헤헤헤." 아이들은 책 제목을 보면 이렇게 웃기부터 한다. 그렇지 않으면 '저질'이라고 밀쳐 내는 척 내숭을 떨면서 슬그머니 책장을 연다. 그리고는 옛 이야기가 주는 재미에 푹 빠져든다.

이 책에는 토끼, 호랑이, 노루, 까치, 멸치, 이, 벼룩, 빈대 같은 동물들이 등장한다. 이들은 욕심부리는 자, 약한 자를 괴롭히는 자를 은근히 나무란다. 남의 어려움을 모른 척하거나 인정머리 없는 이들을 은근슬쩍 놀려 주거나 빗대어 꼬집기도 한다. 제 욕심만 채우려 하다 보면 오히려 더 큰 손해를 볼 수도 있다는 사실을, 자기 자신의 장점을 보지 못한 채 상대방이 가진 것만 부러워하다가 낭패를 보기도 한다는 사실을 익

62

살스럽게 풀어 낸다.

이 책에서는 동물들의 생태적인 특징을 묘사하며 상상의 즐거움도 놓치지 않는다. 등이 울퉁불퉁하고 배가 부른 두꺼비, 꼬리가 짧은 노루, 나뭇잎 모양에 두 눈이 몰려 있는 가자미, 꽁무니에 눈이 달린 꼴뚜기, 크게 웃다가 입이 귀 뒤까지 찢어진 메기 따위를 머리 속에 그려 보는 일은 우화 스타일의 옛 이야기가 주는 맛을 다양하게 느낄 수 있게 한다.

2학년

더 읽어 보세요
『코끼리 코는 왜 길까?』 보물섬 글, 서은영 그림, 푸른나무
『이래서 그렇대요』 이경혜 글, 신가영 그림, 보림

어린이들은 편 가르기를 즐겨하므로, 옛 이야기 속에서도 좋은 편과 나쁜 편은 분명히 갈라진다. 그리하여 등장인물은 착하거나 나쁘거나 둘 중 하나이지 그 중간이란 있을 수 없다. 형이 어리석으면 동생은 현명하다. 동생이 착하고 부지런하면 언니는 비열하고 게으르다. 한 사람이 아름다우면 다른 사람은 추하다. 아버지가 선하면 어머니는 사악하다. 이런 대립적 성격의 병치는 교훈적인 문학과는 달리 선한 행동을 강조하기 위해서가 아니다. 상반되는 성격을 등장시키는 것은 어린이가 글을 쉽게 이해할 수 있게 하기 위해서이다. 만약에 옛날 이야기 속 인물을 실제 인물처럼 실감나게 그린다면 어린이는 인물들 간의 차이를 파악하기 힘들 것이다.

바람직한 인물과의 동일시를 통하여 비교적 확고한 인격이 자리잡은 후에야 어린이는 사람들 사이에 큰 차이가 있다는 것을 깨닫게 되며 자기도 어떤 쪽이 되고 싶은지를 선택할 수 있다. 이런 기초적인 선택은 훗날 내면적 성숙을 이루는 바탕이 된다.

어린이는 주인공이 선하기 때문에 동일시하는 것이 아니라 주인공의 조건이 마음에 들기 때문에 동일시하는 것이다. 어린이가 스스로에게 하는 질문은 "착한 사람이 될까?"가 아니라 "누구처럼 될까?"이다. 어린이는 옛 이야기 속의 인물에 자신을 전적으로 투사시킴으로써 그 질문의 답을 결정한다. 만약 옛 이야기 속의 인물이 착하다면 자기도 착한 사람이 되겠다고 마음먹는 것이다.

― 『옛 이야기의 매력』(브루노 베텔하임 글, 시공주니어) 중에서

『롤러블레이드를 타는 의사 선생님』

이상교 글 / 김유대 그림 / 푸른책들

따듯한 손 따듯한 마음 따듯한 이야기

어른과 아이들은 서로를 끊임없이 탐색한다. 서로 공통분모를 찾아 공유할 여지를 찾으려 하기 때문이다. 이 책은 두 집단의 이런 마음을 헤아려 서로의 속내를 들여다보는 은근한 즐거움을 준다.

「복진이의 손」에서는 엄마 없는 복진이가 도둑 누명을 쓰고 동무들의 은근한 따돌림을 받으면서도 따뜻한 마음을 잃지 않는 모습이 예쁘다. 「민경태와 병아리」에서는 키도 작고 까만 얼굴에 실눈을 한, 도무지 좋아할 만한 구석이라고는 손톱만큼도 없어 보이는 민경태가 병아리에 대해서도, 뒷산에 피어 있는 갖가지 들꽃들에 대해서도 훤히 아는 '대단함'을 가지고 있다는 걸 발견하게 된다. 아이의 눈으로만 찾아 낼 수 있는

'대단함'이다.

「엄마의 구두」에는 분식집을 하느라 신발이 닳도록 뛰어다니는 엄마가 어머니 회의에 참석할 수 없대서 섭섭해하다가, 뜻밖에 학교에 온 엄마를 만나 기쁨에 젖는 강미와 함께 마음 가득 기쁨이 솟는다.

표제작인 「롤러블레이드를 타는 의사 선생님」에서는 공연히 무뚝뚝하고, 그래서 겁나고 떨리는 의사 선생님들만 보아 온 아이들에게 삼촌 같고 장난꾸러기 같은 의사 선생님이 롤러블레이드 타고 씽씽 달리며 봄햇살 같은 웃음을 선사한다.

이 책은 작고 사소한 일상의 곳곳에서 삶의 기쁨을 발견하게 한다.

『선생님하고 결혼할 거야』

다니엘 포세트 글 / 장 프랑수아 뒤몽 그림 / 최윤정 옮김 / 비룡소

선생님을 좋아해요

난 이 다음에 크면 선생님하고 결혼할 거다! 아직은 내가 너무 어리고 키도 작지만 나는 빨리 자라는 편이다. 학년 초에 산 바지도 벌써 작아졌다.

나는 곧 선생님하고 키가 같아질 것이다. 게다가 선생님은 더 이상 자라지 않는다. 작년하고 똑같은 치마를 입고 계실 뿐 아니라 학년도 올라가지 않은 걸 보면 내 생각이 틀림없다.

나로 말할 것 같으면 작년에는 1학년이었지만 올해는 2학년이다. 선생님하고 똑같은 2학년이다.

그리고 나는 글을 술술 읽을 줄 안다. 글을 술술 잘 읽는 애가 아무래도 선생님하고 결혼하기가 더 쉽지 않겠는가!

이 다음에 커서 어른이 되면 소방관이 되어 선생님을 구출할 것이다. 아니면 유명한 수학자가 되어 아주 어려운 계산 문제를 풀어 보일 것이다.

이런 생각을 하고 학교에 오는 아이는 얼마나 행복할까.

이 책은 아이다운 발상과 상상력이 불러일으키는 즐거움을 독자들에게 전염시킬 것 같다.

『내 짝궁 최영대』

채인선 글 / 정순희 그림 / 재미마주

해코지를 하는 아이들, 해코지를 당하는 아이들

아이들 세계에서 흔히 일어나는 따돌림의 문제를 다룬 그림책이다. 학교 현장에서 벌어지는 왕따라는 현실적인 주제를 아이들의 시점으로 풀어 내 공감을 준다. 영대 짝궁의 내레이션으로 전개되는 이야기는 영대로 대변되는 엄마 없는 아이들, 외로운 아이들, 가난한 아이들의 입장을 헤아려 보게 한다.

아이들은 새로 전학 온 영대가 엄마도 없고, 지저분하고, 말도 잘하지 않는다고 하여 따돌리기 시작한다. 바보 굼벵이라고 놀린다. 벽에다 세워 놓고 돌려가며 때리고 함께 놀지도 않는다. 영대는 외톨이가 되어 아이들의 온갖 해코지를 고스란히 견디어 낸다. 그러다가 수학 여행지에서 방귀의 '범인'으로 지목되자 영대는 그 동안 받은 설움을 온몸으로 토해 내며 울기 시작한다. 아이들은 영대가 울 수도 있다는 사실에 놀란다. 그리고 비로소 잘못을 깨닫고 잘못을 빌기 시작한다. 그러나 영대의 울

음이 쉬 그치지 않자 어쩔 줄 모르던 아이들은 모두 다 주저앉아 울다가 잠이 든다. 다음 날 아침 아이들은 영대 곁에 가서 앉기도 하고 기념품으로 산 배지도 나누어 주면서 화해를 한다.

이 책은 '절대 엄마 없는 애들을 놀리면 안 돼!'라고 말하지 않는다. 영대가 따돌림당하는 현상을 보여 줄 뿐이다. 그 현상 속에서 엄마 없는 외로운 아이의 마음을 헤아려 보게 한다. 불쌍한 영대 모습이나 아이들의 표정이 실감나게 묘사된 그림들이 글 못지않은 메시지를 전한다. 화해가 이루어지는 결말 장면은 다소 설득력이 떨어지지만 왕따 문제에서 자유로울 수 없는 모든 아이들이 서로의 입장을 헤아려 보는 계기를 갖게

한다.

> **아동문학이 아동에게 주는 것**
> 하나, 아동에게 미의 인식을 높이는 일
> 둘, 감동으로써 인간성을 아름답게 키우는 일
> 셋, 미지의 세계에 대한 인식을 갖게 하는 일
> 넷, 인간으로서 살아가는 길을 알게 하는 일
> – 『아동문학 입문』 (이원수 글, 소년한길) 중에서

『나쁜 어린이 표』

황선미 글 / 권사우 그림 / 웅진닷컴

나쁜 어린이는 없어요

저는 건우라고 해요. 이 책에 나오는 주인공이에요. 저는요, 반장을 하고 싶은데 올해도 떨어졌어요. 내년에는 꼭 반장을 할 거예요. 저는 과학경진대회에 나가서 우승도 하고 싶고, 노는 것도 좋아해요.

그런데 우리 선생님 말이에요, 너무 심하지 않아요? 잘못한 아이들에게 매를 때리지 않는 대신 노란색 스티커인 '나쁜 어린이 표'를 주고 잘한 아이들에게는 '착한 어린이 표'인 초록색 스티커를 주기로 했거든요. 물론 우리들에게는 한 마디도 묻지 않으셨죠.

나쁜 어린이 표는 나랑은 상관이 없다고 생각했어요. 그런데요, 내가 가장 먼저 그리고 가장 많이 나쁜 어린이 표를 받았지 뭐예요.

지난번에는 뒤에서 누가 나를 밀치는

바람에 난초 화분이 박살이 났거든요. 그런데 우리 선생님은 글쎄 앞뒤 살피지도 않고 '이건우, 너 한 장!' 그러는 거예요. 또 특별 활동 시간에 배드민턴을 치다가 한 발쯤 늦었다고 '너 두 장' 그러는 거예요. 저는 억울해서 머리가 노래지는 것 같았어요.

나는 착한 어린이 표인 초록색 스티커를 받아서 노란색 스티커를 지워 보려고 했어요. 그런데 선생님은 창기가 늦게 왔다고 착한 어린이 표로 나쁜 어린이 표를 없애 주는 규칙을 없애겠대요. 이건 말도 안 되잖아요.

나는 공평하지 않은 선생님에게 나쁜 선생님 표를 주기로 했어요. 물론 내 비밀 수첩에다가요.

선생님이 공평하지 않았던 일은 하나 둘이 아니에요. 고자질한 애를 모른 척 했죠, 싸움은 지연이가 먼저 시작했는데 민철이한테만 나쁜 어린이 표를 줬죠, 수학 문제를 물어 보았다고 창기한테만 나쁜 어린이 표를 줬죠.

우리에게 나쁜 어린이 표를 주는 것처럼 나쁜 선생님은 나쁜 선생님 표를 받는 것이 당연해요. 그런데 표를 주다 보니 아휴, 가슴이 벌렁거리고 숨도 크게 못 쉬겠어요.

나는 아파서 체육 시간에 교실을 지키다 선생님 책상에 있는 노란 스티커를 보았어요. 그게 모두 우리들에게 올 거라고 생각하니 끔찍했어요. 그래서 아무도 모르게 모두 변기에 넣어 버렸어요. 이건 비밀인데요, 선생님께서 이 사실을 알게 되었어요. 그런데요, 호된 꾸지람을 기다리는 저에게 이렇게 말씀하셨어요.

"네가 나쁜 어린이 표 다 가져간 거랑 내가 너한테 받은 거, 우리끼리 비밀로 하자. 네 덕분에 애들을 가르치기가 더 힘들겠구나."

라고요. 나는 다시 우리 선생님이 좋아질 것 같아요.

『알과 씨앗』

김동광 글 / 이형진 그림 / 아이세움

태어나고 성장하고
변화하는 생물의 세계

　생명의 뿌리인 알과 씨앗이 태어나고 성장하고 변화하는 과정을 보여 주는 과학 그림책이다.

　하나의 작은 씨앗이 알맞은 조건을 만나 자라고, 꽃이 피고, 다시 씨앗을 맺는다는 사실과 각 씨앗들의 성격, 싹을 틔울 수 있는 조건, 여러 가지 씨앗들이 퍼트려지는 방법 등을 글과 그림으로 흥미롭게 보여 준다. 어떤 씨앗은 바람에 날려 퍼지기도 하고, 또 어떤 씨앗은 동물의 똥을 통해 퍼지기도 한다.

　식물이 씨앗에서 생긴다면 물고기, 뱀, 오리, 닭 같은 동물은 알에서 생긴다. 동물의 알은 껍질을 가지고 있다. 달걀이나 오리알처럼 단단한 껍질을 가진 알도 있고, 개구리알처럼 흐물흐물한 것도 있다. 동물들이 알을 낳고, 알이 살아 남아 종족을 번식시키고 생존할 수 있는 최적의 조건을 만들기 위해 저마다 갖가지 방법을 동원하는 모습에서 하나의

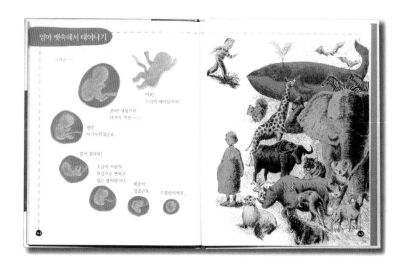

생명이 갖는 신비함과 소중함을 느끼게 한다.

씨앗과 알로 종족을 퍼트리는 생명체들이 있는 반면 젖먹이 동물의 생태는 또 다르다. 사람을 비롯하여 송아지, 강아지 등 젖먹이 동물들은 어미의 몸에서 직접 태어난다. 그리고 일정 기간 동안 엄마 젖을 먹고 자란다. 달이 보름달이 되었다가 차츰 이지러지듯이 사람도 아기에서 어린이가 되고 청소년이 되고 어른이 되었다가 늙어 가는 변화를 겪는다.

이처럼 이 책은 동물과 식물 등 모든 생물이 알과 씨앗에서 시작된다는 단순한 개념을 살아 있는 여러 가지 생물의 예를 통해 반복해서 보여 준다. 그것은

하나하나의 생명체에서 경이로움을 발견하게 한다.

더 읽어 보세요

『어진이의 농장 일기』 신혜원 글·그림, 창작과비평사
일 년 간 주말 농장을 운영한 경험을 살려 온갖 씨앗을 심고 거두는 방법들을 그림과 함께 알려 준다.

『식물박물관』 장명애 외 글, 웅진닷컴
사진과 그림으로 식물의 특징을 설명했다. 교과 과정에 맞추어 구성하여 실용성을 높인 책

『곤충일기』 이마모리 미쓰히코 글·사진, 진선출판사
일본 교토의 한 지역을 12년간 촬영하여 기록한 곤충일기. 곤충들이 알에서 애벌레를 거쳐 성충이 되는 모습이 흥미롭다.

『신기한 유술 씨앗』 요나 테페르 글, 길리 알튼 쿠리엘 그림, 박미영 옮김, 중앙M&B

『내게는 소리를 듣지 못하는
여동생이 있습니다』

J.W. 피터슨 지음 / D.K. 레이 그림 / 김서정 옮김 / 중앙출판사

듣지 못해도
삶이 기뻐요

"내게는 여동생이 하나 있습니다. 그 애는 아무런 소리도 듣지 못합니다. 하지만 아주 특별한 아이랍니다." 이렇게 시작하는 이 책은 장애를 가진 여동생을 둔 언니의 내레이션으로 전개된다.

언니가 들려 주는 동생의 모습에서는 장애를 가진 아이의 불편함이나 불행함을 전혀 찾아볼 수 없다. 온몸으로 살아 있는 기쁨과 온갖 감정을 충만하게 표현하는 아이 모습은 아름답기 그지없다.

한 인간의 삶을 향한 열정을 섬세하게 관찰하고 그것을 따듯한 시선으로 그려 내는 언니의 이야기는 장애인에 대한 편견을 버리게 한다. 장애인을 일반인들이 도와 주어야 할 대상으로 삼는 사실이 부끄럽게 여겨질 정도이다.

그리고 이제까지 발견하지 못한 삶과 인간에 대한 기쁨과 애정을 발견하게 한다.

언니는 동생이 피아노를 치면서 손가락으로 전해지는 소리를 느낄 수 있다는 사실을, 친구들과 춤을 추고 일렬로 서서 행진놀이도 한다는 사실을, 구르고 뛰고 재주넘는 것을 좋아한다는 사실을 알려 준다. 사람들이 자기를 이해하지 못할 때 동생은 마음이 아플 거라는 사실도 놓치지 않는다. 이처럼 기쁘거나 슬플 때, 화가 났을 때 그 애는 얼굴 표정으로 또는 눈빛으로 어깨를 들썩이며 훌륭하게 많은 것들을 표현할 수 있다는 사실을 전해 준다.

동생을 애정 어린 마음으로 바라보는

언니의 이야기에 마음을 모으다 보면
소리를 듣지 못하는 여동생이 장애라는
사실을 잊어버리고 만다. 흑백으로 그려
진 그림, 부드러운 문체, 등장인물과 주
변의 풍경을 섬세하고 따뜻하게 묘사한
이야기가 편안하게 다가온다.

더 읽어 보세요

『민수야 힘내!』 아오키 미치요 글, 하마다 케이코
그림, 이영준 옮김, 한림출판사
일반 활자와 맹인용 점자가 함께 실려 있는 책으로
장애를 가진 아이를 주인공으로 한 저학년용 그림책

『내 마음의 선물』 오도다께 히로타 글, 사와다 도
시키 그림, 전경빈 옮김, 창해
『오체 불만족』의 작가가 팔 다리 없이 태어나고도
밝고 아름답게 살아간 어린 시절 이야기

『아가야, 안녕?』

제니 오버렌드 글 / 줄리 비바스 그림 / 김장성 옮김 / 사계절

가족과 함께 낳는 아기

이 그림책은 출산이 이루어지는 모든 과정을 파격적일 만큼 생생하게 보여 준다.

진통이 다가오자 엄마는 소리를 지르면서 벌거벗은 몸으로 아빠에게 기대 선다. 엄마 다리 사이로 아기 머리가 나오고, 마침내 작고 빨갛고 쪼글쪼글한 사내아이가 안나 아줌마의 두 손으로 미끄러지듯 떨어진다. 아이들은 엄마가 아기를 낳는 장면을 놀랍고도 긴장된 모습으로 지켜 본다.

태어난 아기에게 '아가야 안녕? 내가 바로 네 형이야.' 하는 아이의 모습으로부터 탯줄도 끊지 않은 아기를 넘치는 사랑을 가득 담고 바라보는 엄마, 새로 태어난 동생을 위해 엄마 품을 양보하는 형, 가족을 위해 식사를 마련하고 음악을 준비하는 아빠의 손길이 조용하나 질서 있게 움직인다.

보통의 경우 엄마의 출산 과정에서 가족들에게는 조력자 역할만 주어질 뿐이다. 그러나 이 책에서는 태어날 아기의 형이 되는 '나'를 비롯해서 누나와

더 읽어 보세요

『엄마가 알을 낳았대』 베빗 콜 글·그림, 고정아 옮김, 보림

『내 동생이 태어났어』 『나는 여자, 내 동생은 남자』 『소중한 나의 몸』 정지영·정혜영 글·그림, 비룡소

『아기는 어떻게 태어났을까』 알렉시아와 카넬 글, 마리안느와 리즈 그림, 박동혁 옮김, 다섯수레

『엄마 배가 커졌어요』 토머스 스벤슨 글·그림, 이희건 옮김, 계림닷컴

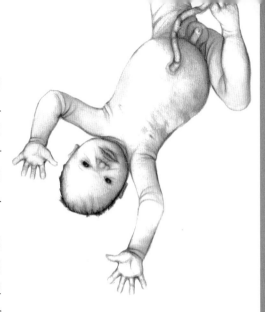

아빠, 이모 등 모든 가족이 저마다의 역할을 찾아 엄마의 출산에 참여하는 모습이 이채롭게 그려진다. 큰 일을 다 치른 뒤 온가족이 나란히 누워 깊은 잠 속으로 빠져든 마지막 장면에서는 새 생명을 기쁘게 맞이한 가족들의 평화로움이 전해진다.

　아기는 어떻게 생기는지 무척 궁금해 하는 아이들, 아기가 어떻게 태어나는지 설명하기 어려웠던 부모들이 함께 보면서 생명 탄생의 신비를 경험할 수 있는 책이다.

『오줌멀리싸기 시합』

장수경 글 / 권사우 그림 / 사계절

골목대장들의 자존심 싸움

자존심은 자신을 지키는 힘이다. 그래서 어떤 경우에도 마지막 보루로 남겨 두고자 한다. 아이들 세계라고 해서 예외일 수 없다.

아주 사소해 보이는 일도 자존심의 문제가 걸리면 목숨 걸고 나설 수밖에 없다. 이 책의 이야기를 끌고 가는 두 축인 도채와 갑모가 오줌멀리싸기 시합에서 자존심을 회복하고자 하는 것은 그래서 설득력을 갖는다.

양지뜸과 음지뜸에서 벌어지는 '누가 오줌을 가장 멀리, 그리고 오래 싸느냐' 하는 시합에서 이기면 '오장군' 혹은 '오줌장군'으로 불린다. 소가죽으로 된 축구공을 선물로 받고 마을 아이들의 우두머리까지 된다. 그러니 누가 오줌장

군이 될지가 마을의 최대 관심사로 떠오르는 것은 당연하다.

가난하지만 자존심 하나만은 누구에게도 뒤지지 않는 갑모와, 아버지가 부자라고 콧대를 세우며 잘난 체하는 도채가 이번 오줌멀리싸기 시합의 강력한 우승 후보이다.

갑모는 작년에 감기 때문에 1등을 놓쳐 아쉽기도 하고, 은근히 자신을 무시하는 도채 때문에 상한 자존심을 회복하기 위해 올해는 어떻게 해서든지 오줌장군이 되어 도채의 코를 납작하게 해 주고 싶다. 갑모 편 참모인 종구는 갑모의 오줌이 잘 나오게 하려고 뒷산 솔밭에 연습장까지 마련하고 훈련을 거듭한다.

76

드디어 오줌멀리싸기 시합 날 갑모와 도채는 오줌싸는 각도와 엉덩이 위치 등을 조절하며 전략을 짜고 시합에 들어간다. 수박을 먹고 배가 볼록 튀어나온 갑모와 비장한 태도로 시합에 임하는 도채 모습에서 긴장감이 감돈다. 규칙에 따라 두 번씩 오줌을 싸서 높은 점수가 나온 사람이 우승자가 되는데 처음에는 도채가 이긴다. 그리고 두 번째에서 갑모는 아랫배에 힘을 잔뜩 주고 방귀 소리와 함께 오줌 줄기를 힘차게 사방으로 내뿜어 승리한다.

　　이후에도 도채와 갑모의 자존심 싸움은 계속되지만 갑모가 폭우에 휩쓸려 떠내려가는 도채를 구하는 것을 계기로 갑모 편, 도채 편으로 나뉘어 갈등하던 두 마을 아이들도 서서히 화해를 이룬다.

　　다소의 상투성이 보이는 내용임에도 불구하고 흥미로운 소재, 뚜렷한 성격의 인물들이 주도하는 긴장감과 매력적인 그림들이 강한 흡인력을 갖는다.

『성난 수염』

마해송 글 / 박병국 그림 / 우리교육

마해송 동화집

마해송은 '우리 나라 최초의 창작동화 「바위나리와 아기별」을 쓴 작가'로 널리 알려져 있다. 동화 말고도 수필가로, 저널리스트로도 명성을 날렸던 마해송은 1923년 첫 창작동화를 발표한 이래 세상을 떠난 1966년까지 우리 나라 아동문학을 이끌어 온 대표적인 아동문학가이다. 방정환과 더불어 색동회를 조직하여 아이들도 온전히 사람 대접을 받아야 한다는 주장을 편 어린이 문화 운동의 선구자이기도 하다.

이 책에는 우습고, 슬프고, 분노로 주먹을 불끈 쥐게 하는 이야기들이 실려 있다. 콧수염에 침칠을 해서 배배 꼬아 바짝 치켜 올리고 다니며 가축들에게 온갖 심술을 부리는 감때 영감을 골탕 먹이는 모습을 그린 「성난 수염」, 불행한 현실에서 살아가는 아이들의 아픔을 그린 「길에 사는 아이」, 현실을 외면하고 자기들이 정한 규범에 얽매어 일을 그르치는 어리석은 사람들을 비판하는 「학자들이 지은 집」, 동물들에 빗대어 사람들의 욕심이나 이기심, 어리석음을 꼬집는 「여우 없는 여우골」 등이 있다. 마해송 특유의 풍자와 감각이 살아 있는 동화들을 만나는 각별한 재미를 느낄 수 있다.

> **더 읽어 보세요**
> 『어머님의 선물』 마해송 글, 교학사
> 『바위나리와 아기별』
> 마해송 글, 정유정 그림, 길벗어린이

『시냇물 저쪽』

엘즈비에타 글·그림 / 홍성혜 옮김 / 마루벌

전쟁은 왜 오나요?

인류가 힘 모아 해야 할 일 가운데 하나는 바로 전쟁을 극복하는 일이다. 이 책은 토끼를 의인화한 금강이와 초롱이를 통해서 전쟁의 아픔을 인식하게 한다.

금강이와 초롱이는 전쟁이 오기 전에는 시냇물을 사이에 두고 이쪽 저쪽으로 오가며 매일 신랑각시놀이를 하며 놀았다. 그런데 어느 날 갑자기 전쟁이 다가와 두 아이 사이를 갈라 놓았다. 전쟁은 금강이의 아빠를 데려갔다. 시냇가에 가시 울타리를 쳐 놓고 초롱이를 마음대로 만나지도 못하게 했다.

금강이는 전쟁을 멀리 보내고 초롱이를 만나고 싶다. 그러나 전쟁은 누구의 얘기도 듣지 않고 큰불을 지르며 모든 것을 부숴 버렸다. 그러더니 어느 날 아빠가 돌아와 전쟁이 끝났다고 했다. 하지만 가시 울타리는 없어지지 않고 여전히 그 자리에 남아 금강이는 초롱이를 만날 수 없다. 상심한 금강이는 전쟁이 일어나기 전에 초롱이와 자주 놀던 시냇가 풀밭으로 나갔다. 어디선가 자기를 부르는 듯한 초롱이 목소리를 따라가니 초롱이가 가시 울타리에 구멍을 내고 시냇물을 건너오고 있었다.

단순 소박한 글과 그림으로 보여 주는 전쟁의 아픔은 무리시어 낀 가시 울타리의 꽃과 대비되어 더욱 선명하게 부각된다.

여름 방학 독서 지도 이렇게 해 보세요

●평소에 읽지 못했던 책을 찾아 읽습니다

아이들이 방학을 하면 어른들은 개학을 한다지요? 늦잠을 자고 일어나서 컴퓨터 앞에서 떨어질 줄을 모르는 아이들, 책을 읽으라고 하면 건성으로 대충 읽고 게임에 몰두하는 아이들 때문에 어른들은 적잖이 마음 고생을 합니다. 아이들의 마음을 책으로 붙잡아 놓기 위해서는 이렇게 해 보세요.

아이와 함께 둘러앉아 올해 들어 아이가 읽은 책 목록을 적어 봅니다. 쭉 적어 나가다 보면 어느 한 분야에만 집중된 것이 보일 것입니다. 예를 들면 외국동화만 많이 읽었다거나 만화가 다른 책에 비해 월등히 많다거나 하는 식이지요. 몸의 건강을 위해서 음식을 고루 먹어야 하듯이 마음의 건강을 위해서도 책을 고루 읽는 습관이 필요합니다. 그러니까 상대적으로 좀 소홀했던 분야를 발견했으면 '어린이도서연구회' 사이트 같은 곳을 참고하여 필요한 책 목록을 작성합니다. 그리고 함께 서점으로 가서 목록에 적은 책을 사서 읽도록 합니다.

●한 학기 동안 읽은 책을 독서 신문으로 정리해 봅니다

한 학기 동안 읽었던 책을 총 정리하여 독서 신문을 만듭니다. 그 동안 읽었던 책 소개, 독후감, 좋아하는 시, 엄마가 아이에게 권하는 책, 독서 퀴즈, 우리 집 식구들이 읽은 책 소개, 좋아하는 책 광고, 친구에게 소개하고 싶은 책, 독서 표어 등 여러 가지 기사거리를 모아 면을 나누어 신문을 만듭니다. 사이사이 그림이나 만화 따위를 넣어 재미를 주는 것도 잊지 않았으면 합니다. 신문의 형식을 갖추어 신문 제목, 신문을 내는 뜻, 발간일 등도 빼놓지 않습니다. 면수는 4면이나 8면 등 자유롭게 해도 됩니다. 기사가 다 채워지면 복사하여 스테이플러로 찍어 신문의 형태를 갖춥니다.

이웃이나 친척들과도 나누어 보고, 개학하면 학급 동무들과 선생님과도 나누어보면 좋은 선물이 될 것입니다. 신문을 만들 때는 온 가족이 다 함께 참여하는 것이 좋습니다. 신문을 한두 시간에 성급하게 끝내지 말고 며칠 동안 시간을 두고 천천히 만들면서 아이가 한 학기 동안 읽은 책을 정리할 수 있도록 도와 주세요.

●자투리 시간을 이용합니다

여름 방학에는 더위를 피해서 야외로 나가는 일이 많습니다. 여행을 하다 보면 자투리 시간이 나는 때가 많습니다. 이런 때를 대비해서 읽을 책을 준비합니다. 늘 손에서 책을 놓지 않고 자투리 시간이 날 때마다 한 줄 두 줄 읽는 습관을 들이는 것이 책 읽는 사람으로 자라는 데 중요한 요소가 됩니다. 여름이라 더운 때인 것을 감안하여 부담이 덜 가는 책을 갖고 가는 것이 좋겠습니다. 산이나 들로 나갈 때는 나무도감이나 식물도감 같은 책을 갖고 가면 도움이 됩니다. 노래책이나 놀이책도 유용하게 쓰일 수 있습니다. 환경의 중요성을 인식하게 하는 책도 필요하겠지요.

더 읽어 보세요
「갯벌에 뭐가 사나 볼래요」 도토리 기획, 이원우 그림, 보리
「쉽게 찾는 우리 꽃(여름)」 김태정 글 · 사진, 현암사
「나무도감」 도도리 기획, 보리
「아기 물방울의 여행」 윤구병 글, 최호철 그림, 보리

『나무 위의 아이들』

구드룬 파우제방 글 / 잉게 쉬타이네케 그림 / 김경연 옮김 / 비룡소

숲은 우리 모두의 것이에요

"아빠, 저를 불에 태우실 건가요? 저도 산타나네 아이들처럼 숲을 지키고 싶어요. 저는 저 애들 친구고, 또 숲의 친구예요. 우리에겐 밭이 더 필요하지 않아요. 하지만 숲은 모두에게 필요해요. 아빠가 숲을 태운다면 나중에 제가 커서 어른이 되었을 때 아버지가 주시는 농장은 갖지 않겠어요! 옳지 못한 것은 갖지 않겠어요!"

자기 땅이라고는 한 뼘도 없는 산타나네 가족은 두 칸짜리 오두막에서 살면서 세뇨르 리폴의 농장에서 일한다. 숲에서 나고 자란 산타나네 아이들은 숲을 지극히 사랑하고 숲에 대해서 모르는 것이 없다. 그런데 농장주인 리폴은 더 부자가 되기 위해 숲을 태워 밭으로 만들려고 한다. 산타나네 아버지가 안타깝게 애원해도, 산타나네 아이들이 숲에 사는 동물들과 나무들을 생각하며 슬퍼해도 리폴의 마음은 흔들리지 않는다. 마침내 숲을 태우기 위해 기름을 붓고 불을 붙이려는 찰나 산타나네 일곱 아이들은 나무마다 하나씩 올라가 숲을 태우면 그들도 같이 타 버리겠다고 저항한다. 당황한 리폴이 아이들을 내려오게 하라고 소리치는데 나무 위에 함께 있던 아들 움베르토가 리폴에게 하는 말이다.

움베르토는 농장을 둘러보러 온 아빠를 따라왔다가 산타나네 아이들과 함께 숲에서 나는 파파야, 야자즙을 마신 적이 있었다. 쇠죽 먹이는 걸 도와 주고,

새끼돼지들과 놀아 보고, 개울가에서 멱을 감으며 신나게 놀기도 했다. 그 때 숲이 좋다는 것을, 숲을 지켜야 한다는 것을 깨달았던 것이다. 더구나 이미 부자인 아버지가 가난한 산타나네 일터인 숲을 빼앗는 일은 옳지 않다는 것을 몸으로 느껴 알고 있었다.

인간에게 무한한 은혜를 베푸는 숲의 소중함을 알리면서 가난한 사람의 것을 빼앗아 더 부자가 되려는 어른들의 욕심을 꾸짖는 아이들의 모습이 뭉클한 감동으로 다가온다. 아이들은 어른의 아버지가 틀림없다.

더 읽어 보세요

『**땅은 엄마야**』이금이 글, 한지희 그림, 푸른책들
아름다운 그림과 함께 자연계의 생명체와 더불어 사는 마음을 갖게 한다.
『**작은 집 이야기**』버지니아 리 버튼 글·그림, 홍연미 옮김, 시공주니어
점점 도시화되어 가는 시골 마을의 변화와 자연의 소중함을 깨닫게 하다
『**거인 사냥꾼을 조심하세요**』콜린 맥노튼 글·그림, 전효선 옮김, 시공주니어
사람들이 분별 없이 자연을 훼손하는 이야기로, 자연 환경을 보호해야 하는 당위성을 강조한다.

『재미네골』

중국조선족 설화 / 홍성찬 그림 / 재미마주

네 일 내 일 따로 없이 정다운 이웃 사촌

듬성듬성 초가집과 움집이 있는 마을 한가운데로 개울물이 흐른다. 시골 마을을 배경으로 무엇인가를 지게에 지고 있는 남자, 먹을 것이 담겼을 것 같은 함지박을 머리에 인 여인, 나무 밑에 앉아 있는 노인들은 넉넉하고 따뜻한 분위기를 자아낸다.

조선 사람들이 모여 사는 중국 길림성에는 '재미네골'이라는 마을이 있다. 마을 사람들은 좋은 일이건 나쁜 일이

건 내 일, 네 일 가리지 않고 서로 도우며 살기 때문에 늘 웃음이 끊이지 않는다. 소문을 들은 용왕은 정말 그런 마을이 있는지 알아 보기 위해 사신을 보내 마을 사람 중 하나를 제물로 데려오게 한다.

사신이 마을에 도착하여 용궁으로 데려갈 사람을 찾는데, 돌아올 기약이 없는 걸 알면서도 마을 부락장부터 목수, 대장장이, 농부, 아낙네, 처녀 아이에 이르기까지 서로 가겠다고 나선다. 사신은 이들과 실랑이를 하다가 용궁에 돌아갈 시간이 다 되자 아무나 데리고 간다는 것이 그만 처녀 아이를 데려가게 된다. 용왕은 시집도 안 간 처녀 아이가 오게 된 내력을 듣고 그 용기와 마음씨를 대견하게 여겨 금은보화를 듬뿍 주어 돌려 보낸다. 마을 사람들이 처녀 아이가 가져 온 재물을 고루 나누어 갖고 웃음이 끊이지 않는다 하여 '재미네골' 이라 부르게 되었다는 이야기이다.

이야기에 등장하는 목수, 대장장이, 토기장이, 농부 등이 하는 일이 자세하게 드러나고 그들이 사용하는 청려장이라 불리는 지팡이, 망치, 호미, 함지박, 보퉁이 같은 소품들의 쓰임새에 대한 설명이 곁들여져 있다.

부지런히 일하면서 이웃과 더불어 살아가는 모습이 아름답게 다가오는 그림책이다. 선이 힘찬 그림과 중국 옷을 입은 장대하고 강건해 보이는 인물들에서 친근감이 물씬 느껴지는 것은 그들의 삶에서 우리 모습을 보기 때문이다. 우리의 옛 모습, 옛 물건, 옛 사람들의 정서를 사실에 가장 가깝게 그리는 일러스트레이터 홍성찬 화백의 그림이 돋보인다.

2학년

더 읽어 보세요
『단군신화』 이형구 글, 홍성찬 그림, 보림
『집짓기』 강영환 글, 홍성찬 그림, 보림
『땅속 나라 도둑괴물』 조대인 글, 홍성찬 그림, 보림

『아모스와 보리스』

윌리엄 스타이그 글·그림 / 우미경 옮김 / 시공주니어

바다 동물과 육지 동물이 나누는 우정

세상에 태어나 절대적인 사랑을 경험할 수 있는 이는 얼마나 될까? 이 책은 종족이 다른 고래와 생쥐가 서로 절대적인 신뢰와 사랑을 주고받는 미담을 선사한다.

생쥐 아모스는 바다 여행에 나섰다가 풍랑을 만나 홀로 드넓은 바다 위에 던져진다. 신비한 밤 바다와 밤 하늘을 보며 죽음 저 너머를 생각하는 아모스 앞에 아프리카에서 열리는 모임에 가던 고래 보리스가 나타난다. 보리스는 아모스의 사정을 듣고 가던 길을 돌려 수천 킬로미터나 떨어져 있는 아모스의 집까지 데려다 주는 여행길에 나선다.

여행을 하면서 보리스는 아모스의 섬세함, 우아함, 부드러운 손길, 조용한 목소리, 보석처럼 빛나는 눈빛에 감탄한다. 아모스는 보리스의 거대함, 당당함, 엄청난 힘, 굳은 의지, 풍부한 목소리 그리고 친절함에 탄복한다. 보리스와 아모스는 서로에 대한 사랑과 믿음을 가득 품고 일상으로 돌아온다.

오랜 세월이 흐른 후 보리스는 풍랑에 밀려 아모스가 사는 바닷가에 밀려와 죽을 처지에 놓이게 된다. 바닷가의 상태를 알아 보러 나왔던 아모스는 즉각 보리스를 알아본다. 보리스는 저렇게 작은 생쥐가 어떻게 나를 도와 줄까라고 생각하며 별로 기대하지 않았지만, 아모스는 커다란 코끼리를 데려와 보리스를 바닷속으로 밀어넣어 살려 준다. 그들은 다시 만나지 못할 거라는 걸 안

다. 하지만 그들은 서로 주고받은 눈빛만으로도 깊은 사랑을 느낀다.

시원하게 펼쳐지는 청회색 바다를 배경으로 전개되는 이 이야기는 만남과 헤어짐을 반복하면서 경험하는 삶과 죽음, 사랑과 우정의 의미를 아름답고도 풍부한 표현들로 인식하게 한다.

윌리엄 스타이그

미국의 그림책 작가 윌리엄 스타이그는 만화의 풍부한 상상력과 각종 기법을 어린이 그림책에 적절히 활용했다. 20대부터 미국잡지 '라이프', '뉴요커'의 프리랜서 만화가로 활동한 그는 60살이 넘어서 늦게 어린이 책 그림을 그리기 시작했다. 하지만 그는 1982년 어린이 책의 노벨상이라 할 만한 안데르센상을 받는 등 독특한 작품 세계를 인정받았다. 그의 만화 같은 그림은 시간과 공간의 제약을 뛰어넘어 자유로운 이야기 전개가 가능하고 다양한 성격의 등장인물들을 통해 동심을 자유롭게 표현한다.

－조선일보, 1997년 10월 20일자 중에서

『비나리 달이네 집』

권정생 글 / 김동성 그림 / 낮은산

모두가 평화로운
세상을 위하여

늘 세상의 가장 낮은 자리에 눈길을 두면서 사랑과 평화의 세계를 염원하는 작가 권정생의 세계관이 이 동화에서도 어김없이 이어지고 있다.

덫에 치여 다리 하나를 잃어버린 어린 개와, 어린 시절에 겪은 전쟁 때문에 모든 것을 잃고 혼자가 된 아저씨는 인간의 끝간 데 없는 이기와 탐욕 때문에 상처받은 아픔들을 간직하고 있다. 이들은 서로 마주 보면서 소박하고 평화롭게 살아간다. 덜 굽힌 고구마 같은, 아니 하회탈 같기도 한, 그런가 하면 비쩍 마른 장승 같기도 한 아저씨는 몇 해 전까지만 해도 큰 성당의 주임 신부였다. 그런데 지금은 쪼꼬만 강아지 달이와 함께 낙엽송 통나무집에서 농사를 지으며 산다. 사람처럼 말도 하고 생각도 할 줄 아는 달이와 아저씨가 나누는 정겨운 이야기에는 현대인들이 추구하는 행복과 평화의 열쇠가 들어 있다.

아저씨는 달이를 포함한 이 세상 모든 짐승들이 부처나 예수처럼 훌륭하다고 생각한다. 그들은 사람들처럼 무서운 전쟁을 벌이지 않으며, 총칼이나 핵폭탄도 만들지 않고, 거짓말을 하지 않으며, 약한 짐승을 잡지 않고, 쓰레기를 함부로 버리지 않기 때문이다.

아저씨는 마음을 하늘에 두고 손바닥이 딱딱하게 굳도록 일을 하면서 산다. 마음이 추우면 개울 둑길에 앉아서 훤하게 뜬 둥근달을 하염없이 쳐다보곤 한다. 달이도 달을 보며 눈물을 흘린다.

달이와 아저씨는 이런 서로의 모습을 말 없이 바라봐 준다. 들에도 산에도 함께 간다. 아저씨가 아침 이슬이 깔린 풀밭길을 바짓가랑이를 흠뻑 적시며 걸어가면, 달이는 쫄랑거리고 쫓아가며 아저씨 냄새를 맡는다. 밥도 나누어 먹고 마음도 나누고 푸른 하늘도 함께 나누며 산다. 아무것도 욕심내지 않고 서로를 향하는 눈빛만으로도 그들은 더없이 평화롭다.

'하거든요', '하겠지요', '그래요' 처럼 이야기하듯 풀어가는 김칠맛 나는 문제, 간결한 대화말들, 그리고 '덜 굽힌 고구마 같다' 거나 '비쩍 마른 장승처럼 생겼다' 거나 하는 등 대상에 대한 다양한 묘사는 글 읽는 재미를 넘치도록 선사한다.

은은하면서도 섬세한 동양화풍의 그림은 달이와 아저씨가 함께 살아가는 꿈결처럼 아름다운 세상을 그려 낸다. 하현달이 어스름하게 비추는 한밤중, 푸르스름한 새벽 안개가 짙게 깔린 비나리 마을, 소박하면서도 이지적인 풍모를 잃지 않는 아저씨, 노을진 들녘, 어두운 밤을 환히 비추는 달빛 아래 아저씨와 달이의 정겨운 시선 등 한 장 한 장의 그림들이 말로도 글로도 다 할 수 없는 아름나움과 안나까움을 선하면서 불질 문명에 매몰되는 우리 모두의 마음을 추스리게 한다.

『보리타작 하는 날』

윤기현 글 / 김병하 그림 / 사계절

농촌 이야기

　농촌 아동문학으로 1980년대를 빛낸 작가 윤기현은 10여 년 간 동화를 쓰지 않다가 1990년대를 마무리하는 시점에서 오랜 방황을 끝내고 돌아온 탕자처럼 이 동화집 한 권을 들고 불쑥 나타났다. 「석이와 현이의 시골 이야기」라는 부제가 말해 주듯 그의 시선은 여전히 '시골'에서 벗어나지 않았음을 알 수 있다.

「큰 물방울 작은 물방울」「보리타작 하는 날」「인디언 놀이」「우리 어머니」「추석 잔치」「곶감 만들기」등 6편의 동화가 실려 있는 이 책은 윤기현의 작가 정신이 오롯이 살아 있으면서도 작은

변화가 눈에 띈다.

예전의 동화는 문제 의식이 도드라져 거칠게 느껴졌으나, 이 책에 실린 동화에서는 변화하는 세태를 반영하면서 부드러운 표현으로 아이들과 가까워지고자 애쓴 흔적이 보인다.

농촌의 경제 사정은 여전히 나빠 아파도 병원 한번 마음놓고 갈 여력을 허락치 않는다. 이웃 사촌인 동네 사람 빚보증을 섰다가 잘못되어 마음 고생을 하는 석이 아버지의 아픔, 수입 농산물로 멍드는 농민들의 아픔 등 농촌 현실의 단면들을 드러낸다.

어른들의 고통에 아랑곳없이 발가벗고 개울에서 신나게 물놀이를 하는 아이들의 모습이나, 외지로 나갔다가 명절이 되면 돌아오는 젊은이들로 하여금 놀이 마당의 흥겨움을 되살려 보여 주는 까닭은 그것을 농민들의 현실로 애써 살려 내고 싶은 바람 때문일 것이다.

윤기현의 삶의 중심은 여전히 농촌에 있다. 이 책에서 농촌을 살리는 것이 우리 모두가 사는 길이라는 걸 강조하고 싶은 그의 마음을 읽을 수 있다.

> **윤기현**
> 윤기현이 쓴 동화 「사랑의 빛」은 '개똥벌레' 라는 노래로 만들어져 가수 신형원이 불러 크게 히트하기도 했으며, 연극으로도 상연되어 호평을 받았다. 농촌 사람들, 가난한 사람들, 소외된 사람들과 그들이 살아가는 현장은 윤기현 동화의 주요 무대가 되어 왔다.

『말의 미소』

크리스 도네르 글 / 필립 뒤마 그림 / 김경온 옮김 / 비룡소

죽어 가는 말을 살려 내는 아이들

희망이라고는 없어 보이는 프랑스의 한적한 마을에서 아이들이 병든 말을 살려 내면서 삶에 대한 희망을 발견하게 되는 이야기이다.

삶에 대한 희망도 기쁨도 없이 메마른 정서만이 가득한 마을에서 위기를 느낀 것은 초등 학교 선생님이다. '아이들이 무엇엔가 흥미를 갖도록 해야 한다'는 선생님의 절박함이 말을 한 마리 사게 한다. 아이들은 말이 생긴다는 소식에 '난 로데오놀이를 할 거야', '난 말을 잘 씻겨 줄 거야' 그리고 '난······' 하며 흥분하기 시작한다. 선생님은 군청의 보조금과 아이들이 저금통을 깨트려

마련한 돈을 보태어 간신히 3천 5백 프랑을 마련한다. 하지만 그 돈으로는 병들어 잘 걷지도 못하는 경주마 '비르 아켕'을 살 수 있을 뿐이다.

말은 고통 때문에 얼굴이 일그러지는데 철없는 아이들은 '말이 웃는다'며 좋아한다. 결국 아이들은 말이 쓰러지고 나서야 말의 상태를 알아차리고 슬픔에 젖는다. 수의사인 '나'는 말에게로 향하는 아이들 마음을 알아차리고 죽어가는 말을 살리기 위해 나선다.

서둘러 말을 수술하지만 창자는 썩어가고 소생의 기미는 보이지 않는다. 그러나 비르 아켕이 일어나기를 바라는 아이들 마음은 간절하다. '비르 아켕 일어나! 일어나! 비르 아켕 일어나!' 아이들의 간절한 외침을 알아듣기라도 한 듯 비르 아켕은 힘겹게 일어서려고 애

를 쓴다. 비척거리며 간신히 두 발로 땅을 딛는 비르 아켕을 보면서 감동에 몸을 떠는 아이들에게 비로소 희망이 살아나고 있었다.

오늘 우리 아이들에게는 어떤 희망을 줄 것인가? 어른들이 곰곰이 생각해 볼 일이다.

선생님이 책을 제대로 이해했는지 물어 볼 거라고 예상하면서 읽는 일은 독서의 즐거움을 만족시켜 주지도 않고 나중에 그런 종류의 책을 다시 읽고 싶게 만들지도 않는다.
ㅡ「어린이 문학의 즐거움」 (페리 노들먼 글, 시공주니어) 중에서

『갓난 송아지』

이원수 글 / 장은주 그림 / 여명미디어

자연과 생명과 삶의 이야기

이원수(1911-1981)

15세가 되던 해 방정환이 내던 잡지 〈어린이〉에 「고향의 봄」이 당선된 이후 1981년 세상을 떠나기까지 오로지 우리 아동문학에만 마음을 쏟았다. 동시, 동요, 수필, 옛 이야기, 평론 등 여러 분야를 넘나들며 써 온 글은 우리 아동문학의 큰 산맥을 이룬다. 이원수의 치열한 문학 정신은 한국 아동문학의 위상을 정립하는 데 큰 영향을 끼쳐 왔다.

바람직한 어린이 문학은 어린이의 밝은 미래를 염원하는 작가의 철학을 기반으로 창조되어야 한다. -「시정신과 유희정신」 (이오덕 글, 창작과비평사) 중에서

세상은 참 아름답다. 한겨울의 혹독한 추위를 이겨 내고 봄이면 어김없이 얼굴을 내미는 작고 여린 싹, 아침에 떠오르는 해, 저녁에 지는 노을, 까만 밤 그리고 어떤 알 수 없는 힘으로 태어나는 어린 생명들 모두가 아름답다.

집에서 기르는 소를 한 가족처럼 여기며 살아가는 수근이네와 이제 막 세상에 나온 '갓난 송아지'가 어미소에게 세상일을 하나하나 배우는 모습이 아름답다.

갓난 송아지는 어둠이 밀려오는 것도, 저녁 노을이 지는 것도 그리고 밤이 찾아오는 것도 신기하게 여기며 철없이 어리광을 부린다. 어미소는 그런 갓난 송아지를 사랑스러운 눈길로 바라보며 앞으로 살아 나갈 세상에 대해 차근차근 설명해 준다.

갓난 송아지의 눈길에는 세상이 이렇게 아름답기만 한데, 얼마 후면 어미소

와 헤어져 다시는 만나지 못한 채 각자 힘겨운 삶을 살아가야 하는 냉혹한 현실을 생각하면 안타깝기도 하다. 수근이네 가족의 따뜻한 마음들이 잠시 이런 슬픔을 잊게 할 뿐이다.

그 밖에 작은 씨앗 하나가 싹을 틔워 보려고 갖은 애를 쓰는 이야기를 통해 생명이 또다른 생명을 이어 주는 자연의 법칙을 깨닫게 하는 「유리성 안에서」 등이 실려 있다. 자연과 생명의 공존 의식을 자연스럽게 심어 주는 단편 동화집이다.

저학년 독서교육의 목표

저학년 아이들은 아직 글자 읽기가 익숙하지 않습니다. 글을 읽고 의미를 해독하고 논리적인 자기 의견을 갖기에는 서툰 시기입니다. 그러므로 이 시기 아이들은 책을 읽는 것이 게임을 하는 것처럼, 놀이를 하는 것처럼 '재미있다'라는 한 가지 사실만 인식하게 하면 됩니다.

사람은 원하든 원하지 않든 평생 동안 책과 함께 살아야 하는데 저학년 시기에 무리한 책읽기 때문에 스트레스를 받은 아이들은 책읽기를 기피하게 됩니다. 그러면 글자는 읽을 수 있어도 책에 담긴 의미를 제대로 받아들이기는 쉽지 않습니다.

독서의 다음 단계로 자연스럽게 넘어가지 못하겠지요. 그리고 이 시기 아이들의 책 내용은, 아이들이 겪을 수 있는 이야기, 보았거나 들을 수 있음 직한 생활동화, 사물을 의인화한 동화, 옛 이야기 등이 적합합니다.

『개구쟁이 산복이』

이문구 글 / 김영덕 그림 / 창작과비평사

자연과 하나 되어 뒹구는 아이들

이마에 땀방울
    송알송알
손에는 땟국이
    얼룩덜룩
맨발에 흙먼지
    얼룩덜룩
봄볕에 그을려
    거무잡잡
멍멍이가 보고
    엉아야 하겠네
까마귀가 보고
    아찌야 하겠네

- 동시 「개구쟁이 산복이」 전문

시골 골목길에서 동무들과 실컷 뒹굴며 놀다가 배가 고파 슬슬 집으로 돌아오는 개구쟁이의 모습을 그림처럼 그려 낸 동시들이 옹기종기 모여 있다. 우리 농촌을 배경으로 하여 자연과 하나로 어우러져 뒹구는 아이들 모습은 참 자연스럽다. 자연이라는 공간을 삶의 터전으로 삼아 무엇에도 얽매임 없이 살아가는 아이들의 삶과 놀이를 아이들의 눈으로 보여 준다.

아이들은 곳곳에서 낯익은 동무를 만나는 즐거움을 누리듯 마음이 가는 시를 읽고 즐기면 된다. 그게 노래도 되고 흥얼거림이 될 수도 있다. 동시집에 더러 등장하는 이문구의 아이들인 산복이와 자숙이의 동무가 되어 함께 어우러지고 마음의 움직임을 함께 나누면 그만이다.

작가가 농사 지으며 틈틈이 쓴 글에는 농촌의 흙냄새도 나고 바람 냄새도 난다. 멍멍이도 까마귀도 나무도 풀도 동무 삼아 마음껏 뛰노는 산복이도 되고 자숙이도 되어 볼 수 있다.

깨끗한 우리말을 살리고 의성어나 의태어를 적절하게 활용하여 쓴 동시 하나하나에서 감칠맛을 느낄 수 있다.

> **더 읽어 보세요**
> 『별님 동무 고기 동무』 이주영 엮음, 우리교육
> 『나무야 나무야 겨울 나무야』
> 이원수 글, 김중철 엮음, 웅진닷컴

『톡톡 할아버지』

이주홍 글 / 권문희 그림 / 우리교육

톡톡, 벽장 속에서 튀어나오는 이야기

이주홍은 일제 시대부터 1987년 세상을 떠날 때까지 60여 년 간 척박하기 이를 데 없는 우리 아동문학 동네를 지켜 온 어른 가운데 한 분이다. 동화, 소설, 시, 수필, 전래동화 등 다양한 영역에서 활발하게 활동하였다. 숨가쁘게 이어 온 격변의 우리 역사 한가운데를 가로질러 오면서 아동문학과 함께 호흡해 온 그의 동화는 시대를 뛰어넘어 아이들을 사로잡는 힘이 있다.

이 책 앞부분에는 일제 시대 때 쓴 아홉 편의 동화가, 뒤편에는 이주홍 특유의 익살이 담긴 열 편의 옛 이야기가 실려 있다.

「우체통」에 나오는 숙희는 일본에 일하러 간 아버지에게 편지를 보내고 싶다. 우체통 밑에 뚫린 구멍을 통해 저절로 아버지에게 갈 것이라 생각하고 개떡을 야무지게 싸서 보내지만 되돌아오고 나서야 편지가 오고가는 원리를 깨닫게 된다.

1930년대 아동문학의 특징인 계급주의 작품으로, 지주의 횡포에 시달리는 아이의 빛나는 의식 세계를 해학적으로 그린 「돼지 콧구멍」은 계급적 모순으로 인해 현실에 시달리면서도 강한 자의식을 잃지 않은 종규의 캐릭터가 돋보인다.

옛 이야기는 욕심과 이기심, 부자들의 횡포를 동물들에 빗대어 재치 있게 꼬집으면서 톡톡 할아버지가 아이들에게 재미있게 들려 주는 형식으로 되어 있다.

『개 한마리 갖고 싶어요』

다른나라 생활동화 모음

보물섬 옮기고 엮음 / 조은화 그림 / 푸른나무

아이들만 통하는 세상 이야기

책을 읽다 보면 쿡쿡 저절로 웃음이 터져 나온다. 아이들의 기발한 상상력 때문이다. 어른들이 아무리 기웃거려도 전혀 생각조차 할 수 없는 아이들다운 발상이 여기저기서 툭툭 튀어나온다. 그뿐 아니다. 어른들의 고정관념과 아이들의 자유분방함이 만났을 때 생기는 불협화음이 자연스럽게 해소되는 과정도 재미있게 경험할 수 있다.

이 책에는 프랑스, 미국, 일본, 캐나다, 스웨덴 등 여러 나라 아이들 생활 이야기 17편이 실려 있다. 나라가 달라도 제각기 자기 빛깔을 가진 아이들이 겪는 이야기에서 서로 동질감을 느끼고 카타르시스를 경험하게 된다.

누나와 동생, 엄마와 아빠, 할아버지 할머니, 친구 등 가족과 이웃들이 생활에서 겪는 아기자기한 이야기들이 가득하다. 동생 때문에 화가 나서 집을 나가 버린 형의 이야기, 어둠을 겁내는 친구 이야기, 고양이를 통해 바라본 죽음에 관한 이야기 등은 아이로 하여금 혼자된 할아버지에게서 남다른 따듯함을 느끼고, 왕따를 당하는 아이의 외로움과 쓸쓸함을 헤아리는 넉넉함을 배워 나가게 한다.

나라는 달라도 사람 사는 이야기는 그게 다르지 않다는 사실과 더불어 다양한 성격을 가진 여러 사람들과 함께 조화롭게 살아가는 의미들을 터득하게 한다.

책 선물과 함께 따뜻해지는 12월의 책읽기

12월에는 세계인들이 즐기는 축제 크리스마스가 있으며 연말연시이기도 합니다. 한 해를 보내고 맞이하면서 가까운 이들을 위해 선물을 준비하기에 바쁜 계절입니다. 아이들을 위해서 어떤 선물을 준비하고 계신지요? 아이들이 좋은 책을 많이 읽기를 바라고 소망한다면, 따뜻하고 넉넉한 아이로 자라기를 기대한다면, 그리고 혹여라도 소외된 아이들을 위해 선물을 준비할 마음을 갖고 있다면 책 선물은 어떨까요? 어른들은 아이들에게, 아이들은 어른들에게, 주변 동무들에게, 고아원 아이들이나 읽을 것이 부족한 공부방 동무들에게도 책으로 따뜻한 마음을 전해 보는 것은 어떨까요? 생각만으로도 마음이 따뜻하고 넉넉한 연말연시가 될 것입니다. 서로를 위해서 책을 고르는 그 손길만으로도 마음이 따뜻함으로 가득 차오르게 되었으면 좋겠습니다. 2학년 아이들에게 연말연시에 선물하면 좋을 책을 골라보았습니다.

『약초 할아버지와 골짜기 친구들』 황선미 글 / 김세현 그림 / 사계절

골짜기 안에서 펼쳐지는 사계절이 토끼, 청설모, 개, 노루에 빗대어 네 가지 이야기로 전개된다. 자연계에서는 늘 크고 힘센 동물들이 약한 동물들을 쫓으며 살아간다. 약초 할아버지와 할아버지를 따르는 개 반들코는 살쾡이에게 쫓기던 큰 귀 엄마를 구해 주고, 노루 덧니가 민통선에서 사람들이 놓은 덫에 치여 죽어갈 때도 구해 준다. 작고 약한 동물들의 상처를 따뜻한 손길로 어루만져 낫게 한다. 동물들을 의인화하여 자연과 생명이 더불어 살아가야 한다는 정신을 잔잔한 울림으로 전해 주는 책이다. 동양화풍의 수채화는 이런 작가의 정신을 돋보이게 한다.

『삼신 할머니와 아이들』 정하섭 글 / 조혜란 그림 / 창작과비평사

신화는 인류의 기원과 함께 생겨나 문화를 만들고 그 문화는 수많은 이야기를 탄생시킨다. 모든 민족에게는 저마다의 신화가 있다. 그리스 로마 신화가 서양의 문화와 역사를 담는 그릇이라면 우리 신화는 우리의 문화와 정신을 집약한 옛 이야기의 원형이라 할 수 있다. 이 이야기는 아기를 너무나 좋아하여 이 세상 부부에게 아기를 점지해 주는 일을 맡은 삼신 할머니 이야기이다. 삼신 할머니는 우리를 점지했고 어머니를 통해 이 세상에 태어나게 도와 주었는데 그것은 우리와 가족과 세상을 빛내도록 하기 위해서라는 사실을 알려 준다. 즉 우리가 어떻게 해서 이 세상에 왔으며 어떻게 살아가야 하는가에 대한 근원적인 물음에 답을 찾아가도록 한다. 무한한 상상의 세계인 신화의 세계에 푹 빠지게 해 주는 책이다.

『눈이 내리네 또 내리네 엄청 내리네』 호세 쎄르메뇨 글 / 아비 그림 / 우리교육

책을 열면 회색빛 하늘에서 눈이 펑펑 쏟아진다. 다음 장으로 넘어가면 '안녕! 내 이름은 파블로야.' 하면서 이야기가 시작된다. 무언가 굉장히 흥미로운 일이 일어날 것만 같다. 눈이 너무 많이 내려서 마을에 있는 색깔이 모두 사라져 버리자 아이들은 색깔을 되찾기 위해 마을 곳곳에 칠을 한다. 소나무는 보라색으로, 잔디밭은 빨간 색으로, 길바닥은 붉은 색 점박이 무늬로 말이다. 어른들의 고정관념을 뒤엎는 기발한 발상이 세상을 색다르게 바라볼 수 있는 흥미로움을 선사한다.

『윷놀이 이야기』 이은화 글 / 한유민 그림 / 한림출판사

방학이 되면 여행을 가는 일도 많지만 집에 있는 시간도 많아진다. 그럴 때 온 가족이 즐길 수 있는 놀이가 필요하다. 이 책은 우리 나라 전통 놀이 가운데 하나인 윷놀이를 소재로 한 책이다. 윷놀이에는 도(돼지), 개(개), 걸(양), 윷(소), 모(말) 이렇게 다섯 동물이 등장한다. 다섯 동물은 더 많이 먹기 위해 달리기를 겨루었는데, 돼지가 꼴찌를 하는 바람에 윷판에서 한 칸을 가고 말이 일등으로 들어와 다섯 칸을 가게 되었다. 윷에 얽힌 재미있는 유래와 함께 전통 문화에 담긴 우리 겨레의 정신을 배울 수 있다.

『안녕, 꾸러기 친구 도깨비야』

우리누리 글 / 권사우 그림 / 중앙 M&B

도깨비야 놀자

'왕방울만큼 큰 눈, 주름잡힌 코, 찢어질 듯 큰 입에 송곳니까지 뾰족이 나 있는' 도깨비는 우리 옛 이야기의 단골손님이다. 도깨비들은 아무것도 안 보이게 하는 도깨비감투나 두드리면 무엇이든 나오는 도깨비방망이를 이용해서 악을 물리치고 선을 지키면서 사람들의 마음을 다스려 왔다.

「친구가 된 도깨비」「산적과 싸운 도깨비」「도깨비와 씨름하기」 등 이 책에 실린 10편의 옛 이야기는 도깨비의 재미있는 면모들을 주요 소재로 다루면서 교훈과 재미를 즐기게 한다.

『안녕, 꾸러기 친구 도깨비야』에 등장하는 도깨비들은 장난을 대단히 좋아하여 밤길을 가는 사람을 불러 씨름을 하자고 한다. 인정이 많아서 불쌍한 사람도 그냥 지나치지 않는다. 나쁜 사람들을 혼내 주는 일에도 물러서지 않는다. 물론 착한 사람에게는 복을 듬뿍 주기도 한다.

도깨비들은 대체로 어리숙하고 인정 많은 우리 겨레의 심성을 많이 닮아 있다. 또한 도깨비들 행동을 하나하나 뜯어보면 거기에서 바로 사람의 도리를 소중히 여긴 옛 사람들의 정신을 읽을 수 있다.

한 이야기가 끝날 때마다 이야기가 유래된 우리 풍습이나 도깨비에 대한 상식을 설명하는 코너를 마련하여 재미를 더해 준다.

『하느님의 눈물』

권정생 글 / 신혜원 그림 / 산하

작은 목숨도 소중하게

아동심리학에서는 아이들에게는 사랑받고 싶은 욕구가 있다고 말한다. 어디 아이들뿐일까. 생명을 가진 모든 것은 한결같이 사랑받고 싶은 욕구가 가득하다.

이 책에 실린 열일곱 편의 짧은 동화들은 토끼, 다람쥐, 잠자리 따위의 동물들을 의인화하여 한결같이 '사랑하라'는 메시지를 전한다. 배가 고프다 하여 남의 목숨을 함부로 해치지 말라 한다. 철조망을 사이에 두고 미워하는 마음을 거두라 한다. 욕심부려 남의 것을 빼앗고 미워하는 마음을 버리자 한다. 하늘과 땅과 공중에 있는 생명들을 함부로 해치지 말고 약한 자를 도우며 살라 한다. 미워하지 말고 용서하자 한다. 남의

것을 부러워하며 따라가기보다 자기 모습 그대로 사는 아름다움을 지키자 한다. 서로 사랑하며 모두모두 행복하자 한다.

감성적인 문체와 세상을 바라보는 따뜻한 시선으로 분단 극복, 외세 극복, 생명 존중, 독재에 대한 저항 등 다소 무거운 주제들을 부드럽게 소화하고 있다.

3학년에게 권하는 책

책읽기, 그 즐거운 생활

아이가 제법 많이 자랐습니다. 이제는 엄마에게 의존하던 데서 점차 벗어납니다. 학교에선 또래 집단이 형성되기도 합니다. 친구끼리만 통하는 비밀이 생기고, 그들만의 여러 가지 정보가 유통되기도 합니다. 책에 대한 정보도 예외가 아닙니다. 어떤 책이 기막히게 재미있다더라 하면 자기들끼리 어떻게 해서든 구해 봅니다. 어른들이 골라 주는 책보다는 또래들끼리의 정보를 더 믿기도 합니다.

어떤 면에서는 어른들이 아이들보다 책에 대한 정보가 더 어두울 수도 있습니다. 그러므로 아이들에게 좋은 책을 고르는 눈을 길러 주어야 합니다. 좋은 책을 체계적으로 계속 읽다 보면 좋은 책에 대한 감이 생기는데, 이 '감'이야말로 책을 고르는 가장 정확한 잣대입니다. 이 잣대를 가지고 스스로 좋은 책을 골라 읽을 수 있는 힘을 길러 주는 것이 이 시기 아이들에게는 반드시 필요합니다.

아이들의 의식이 자람에 따라 사회에 대한 관심의 폭도 점점 넓어집니다. 그래서 아이들이 보는 책의 영역도 1, 2학년보다 넓어집니다. 국내외 동화를 비롯해서 인물전이나 과학책, 글모음, 동시, 미술, 음악, 수학, 성교육에 관한 책, 또 자기가 특별하게 관심 갖는 분야에 관한 지식책도 포함될 수 있습니다. 그러나 어디까지나 아이들 독서의 중심은 문학이어야 하겠습니다. 국내외의 문학 작품을 끊임없이 읽는 것이 독서의 기본입니다. 그렇지만 어른들의 입장을 주입하기 위함이 아니라 아이들에 대해 쓴, 아이들을 위한 작품이어야 합니다. 어른들은 아이들이 읽는 책을 늘 함께 보면서 아이들의 궁금증이나 즐거움을 나눌 수 있는 대상이 되어 주는 것이 바람직합니다.

아이들이 인터넷이나 텔레비전, 비디오 등 새로운 매체에 길들여지다 보면 책을 멀리할 수 있습니다. 주변에서 책의 문화를 접하지 못하면서 책을 읽어야 한다는 당위성만 앞세우는 것은 설득력이 없습니다. 정기적으로 서점이나 도서관 나들이를 하는 것, 집 안 곳곳 아이들의 손이 닿는 곳에 책을 놓아 두는 일, 생일이나 특별한 날에 가족이나 이웃끼리 책을 선물하는 문화를 경험하게 하는 것이 좋습니다.

책은 반드시 낱권으로 구입하여 아이들의 흥미를 자극하고 국내와 외국 동화의 비율이 적어도 5:5가 되도록 하여 의식의 균형을 잡을 수 있게 도와 줄 필요가 있습니다. 아이들에게 책을 읽어야 한다고 요구하기보다 집안에서 어른들이 아이들 책에 관심을 갖고 함께 즐기는 것이 아이들이 책을 즐겨 읽게 하는 지름길입니다.

『옛 이야기 보따리 시리즈』

서정오 글 / 김종도 외 그림 / 보리

옛 이야기 보물 창고

'옛날 옛날에'로 시작하여 '행복하게 살았단다'로 끝나는 옛 이야기를 들려 줄 태세이면 아이들은 눈을 반짝인다. 아이들은 아무리 시대가 변해도 착한 사람은 복을 받고 악한 사람은 벌을 받는다는 주제를 기본으로 하는 옛 이야기의 매력을 놓치지 않는다.

남이야 어찌 되든 혼자서만 잘 살아서는 안 된다, 불쌍한 사람은 도와 주어야 한다, 은혜를 입으면 갚을 줄도 알아야 한다, 남의 것을 함부로 빼앗아서는 안 된다, 하찮은 벌레일지라도 생명 있는 모든 것은 함부로 해서는 안 된다는 가르침이 이야기 갈피갈피마다 녹아 있다.

옛 이야기의 주인공들은 바보 같고 힘이 없어 지배자들에게 빼앗기고 억눌리고 짓밟히며 살기 일쑤이다. 그러나 이야기의 향유층인 평민들은 이야기에서 지배자들을 은근슬쩍 빗대어 놀려 주고 골탕을 먹인다. 그래서 억울하게 맺힌 마음을 풀고 한바탕 웃으면서 카타르시스를 느낀다. 이야기에서는 현실에서 이루지 못하는 일들도 자유롭게 꿈꿀 수 있기 때문이다. 언제나 '잘 살았단다'로 끝을 맺는 것은 지금 비록 고통스럽게 살지만 결국에는 잘 될 거라는 희망을 주는 것이다. 그 희망은 곧 현실의 고난을 이겨 내는 힘이 된다.

옛 이야기에는 한결같이 착한 사람은 복을 받고 악한 사람은 벌을 받는다는 가르침이 들어 있다. 이런 이야기가 다

소 상투적인 듯하지만, 이것은 최첨단 과학 문명 시대를 살고 있는 사람들을 움직이는 힘으로도 작용하기 마련이다. 진실은 어느 시대나 통하기 때문이다.

10권으로 구성된 『옛 이야기 보따리 시리즈』에는 눈물나게 우습고, 통쾌하고, 가슴이 찡하고, 양심에 콕 찔리기도

하고, 부끄럽게도 하는 이야기들이 다 모여 있다. 모두 입말로 씌어져서 그냥 읽기만 하면 마주 앉아 이야기하는 효과가 난다. 누가 옆에 있을 때는 그 사람에게 들려 주듯이 멋들어지게 읽어 주면 저절로 신명이 날 것이다.

옛 이야기 보따리 시리즈 (전 10권)
①두꺼비 신랑 ②꽁지 닷 발 주둥이 닷 발 ③메주 도사 ④호랑이 잡는 기왓장 ⑤나귀 방귀
⑥박박 바가지 ⑦떼굴떼굴 떡 먹기 ⑧호랑이 뱃속 구경 ⑨신통방통 도깨비 ⑩아기장수 우투리

옛 이야기를 들려 주거나 혹은 읽고 나서 이렇게 해 보세요
하나, 이야기 덜 듣고 뒷이야기 꾸며 쓰기
둘, 이야기 다 듣고 뒷이야기 꾸며 쓰기
셋, 앞뒤 이야기 듣고 가운데 꾸며 쓰기
넷, 이야기 다 듣고 느낌이나 생각 쓰기
다섯, 이야기 듣고 그림 그리기
– 『옛 이야기 바로 읽기』 (서정오 글, 보리) 중에서

『너하고 안 놀아』

현덕 글 / 원종찬 엮음 / 송진헌 그림 / 창작과비평사

동심의 세계가 빛나는
개구쟁이들의 골목 무대

계급주의가 성행하던 1930년대 전후에 작가가 발표한 동화들을 엮은 책이지만, 당시의 이념과 무관하게 순수한 동심의 세계가 빛나는 동화들이 실려 있다.

이 책에 실린 동화들은 아이들을 미성숙한 존재, 어른들이 가르쳐야 할 대상으로 삼던 당시의 통념을 뛰어넘는다. 거기에는 기성 사회의 부조리와 불합리를 거부하고 인간 본연의 의식에 따라 움직이고 행동하는 유년기 아이들 세계가 있다.

부잣집 아이 기동이가 좋은 장난감과 먹을거리를 가지고 한껏 위세를 부리면, 가난한 노마는 억울하고 분한 감정을 해소시키는 자기만의 방법을 찾아 낸다. 혼자서 놀잇감을 만들기도 하고, 영이, 똘똘이와 함께 기차놀이를 하면서 기동이를 끼워 주지 않아 애타게 하기도 한다.

현덕

6.25 때 월북했다는 이유로 오랫동안 문단에 알려지지 않았던 현덕은 우리 아동문학사에서 보배 같은 존재이다. 시대의 어려움 속에서도 그만큼 유리알처럼 맑게 빛나는 동심의 세계를 정확하게 묘사해 낸 작가는 없었다. 그의 동화에는 어떤 이론으로도 설명할 수 없는 명쾌한 이론이 녹아 있다. 그의 동화는 담백하다. 단순 명료하여 어떤 수사나 설명이 필요 없다.

시대를 뛰어넘어 고도로 발달한 과학 문명 시대에도 그가 그려 낸 1930년대 아이들의 삶이 요즘 아이들 마음을 움직일 수 있는 것은 그가 창조한 노마, 영이, 똘똘이, 기동이가 아이들의 보편적인 속성을 고스란히 갖고 있기 때문이다. 노마, 기동이, 똘똘이, 영이가 함께 놀다가 싸우고 토라지고 우쭐하고 삐치고 화해하는 모습에서 아이들은 자기를 보는 것이다. 깨끗한 우리말로 빚어 낸 그의 동화가 이 시대에 더욱 빛을 발하는 것은 아주 자연스럽고 당연하다. 「고양이」 「나비를 잡는 아버지」는 길벗어린이에서 그림책으로도 나왔다.

　네 아이들은 이런 놀이 세계에서 뽐내고, 경쟁하고, 따돌리고, 부러워하고, 미워하는 등 온갖 경험을 한다. 그리고 세상엔 돈이나 힘보다 앞서 동무끼리 지켜야 할 질서가 있음을 터득해 간다. 장사 나간 어머니 대신 어린 동생을 돌보며 집안일을 하는 영이나, 어머니와 단 둘이 살아가는 노마 등 아이들은 조금씩 다른 형편으로 살지만 서러움, 외로움, 슬픔을 경험하면서 세상의 이치를 깨달아 간다.

　섬세한 아이들의 심리와 놀이 세계에 대한 뛰어난 묘사는, 오늘날의 아이들이 작품이 씌어진 30년대 아이들과 거리감을 느끼지 않고 이야기에 동화되게 하는 힘으로 작용한다.

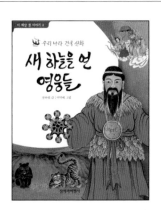

『새 하늘을 연 영웅들』

정하섭 글 / 이억배 그림 / 창작과비평사

우리 나라를 처음 세운 이야기

우리 나라는 어떻게 생겨났을까? 누가 우리 나라를 세웠을까? 아이들이 한 번쯤 갖게 될 이런 궁금증을 해소시킬 수 있는 우리 겨레 건국 신화 세 편이 실려 있다. 단군 왕검이 '갓 떠오르는 아침 해처럼 해맑은 나라'라는 뜻을 가진 조선을 세운 이야기, 하느님의 아들이며 해의 신인 천랑왕 해모수가 드넓은 만주 벌판에 북부여를 세운 이야기, 알에서 태어난 주몽이 이복형제들의 시기를 피해 새로운 땅으로 가서 고구려를 세운 이야기가 그것이다.

세 편의 이야기는 하나로 이어지는 구성을 취하고 있는데, 이는 우리 겨레가 단군 할아버지의 피를 받아 한 핏줄 한 형제로 살아 온 단일 민족임을 인식하게 한다. 신성한 능력을 지닌 하늘의 신들이 이 땅에 내려와 새로운 세상을 창조하고 새 나라를 열어 가는 이야기는 아이들의 상상력을 한껏 자극하면서 우리 겨레의 웅대한 기상을 느끼게 하고 한민족의 자긍심을 북돋운다.

대담하면서도 풍부한 색감의 민화풍 그림 속에서 강한 개성이 드러나는 캐릭터들은 신화의 이미지를 한껏 생생하게 살려 내고 있다.

> **더 읽어 보세요**
> 『삼신 할머니와 아이들』 정하섭 글, 조혜란 그림
> 『염라대왕을 잡아라』 정하섭 글, 한병호 그림
> 『아버지를 찾아서』 정하섭 글, 고광삼 그림,
> 창작과비평사 (이상 3권)

『백두산 이야기』

류재수 글·그림 / 통나무

백두산은 어떻게
생겨났을까

그림책 작가 류재수는 번역 그림책이 장악하는 시장 상황을 개선하기 위해 우리 창작 그림책에서 우리 이미지를 어떻게 그려 낼 것인가, 한국적인 정신을 어떻게 담아 낼 것인가를 치열하게 고민하는 작가이다. 그는 태어나자마자 외국 그림책을 보며 자라는 우리 아이들에게 우리 문화적 DNA를 공급하는 것이 무엇보다도 시급하다고 주장한다. 『백두산 이야기』는 그의 대표적인 그림책으로, 백두산의 유래를 담고 있다.

까마득한 옛날 맞붙어 있던 하늘과 땅이 나뉘고, 동쪽으로부터 먼동이 트면서 식물이 생기고, 사람도 생기고, 조선이라는 나라가 생기는 과정은 신비함을 더해 준다.

해와 달이 두 개씩 있어 낮에는 너무 뜨겁고 밤에는 너무 추워 고통스러워하는 조선의 백성들을 구하기 위해, 따님왕의 명을 받고 나선 백두거인과 이를 시기하는 흑룡거인이 백 일이나 싸운 끝에 흑룡거인은 땅에 떨어져 거대한 사막이 되고, 지친 백두거인도 언젠가 재앙이 오면 다시 깨어나리라는 말을 남기고 벌판에 누워 깊은 잠에 들어갔다. 세월이 흘러 백두거인은 거대한 백두산이 된다.

한 편의 장대한 역사 드라마를 연상하게 하는 이 책은 거친 터치의 굵고 투박한 그림에서 잔잔함과 뜨거움, 박진감과 웅장함이 어우러져 우리 겨레의 힘찬 기상을 보여 준다.

『감자꽃』

권태응 글 / 정현웅 · 송진헌 그림 / 창작과비평사

농촌을 배경으로 한
옛 시인의 노래

자주 꽃 핀 건 자주 감자,
파 보나 마나 자주 감자.

하얀 꽃 핀 건 하얀 감자,
파 보나 마나 하얀 감자.

어린 시절부터 익숙하게 불러 오던 노래 「감자꽃」이다. 이 책은 감자로 끼니를 때울 만큼 가난하던 시절, 그러나 싱싱하게 살아 있는 자연과 함께 살던 농촌 아이들의 삶을 노래한다.

이 동시집에 실린 동시들은 농촌 아이들의 삶과 자연을 소재로 한 것들이 대부분이다. 풀과 벌레와 나무와 동물들과 동무처럼 지내던 아이들은 고추잠자리조차 피붙이라도 되는 양 차가운 밤 어디에서 잠을 잤는지 염려한다(「고추잠자리」). 또 삼팔선 너머 북쪽 동무들이 먹고 입는 걱정은 없는지, 잘 지내고 있는지 궁금한 마음을 담아 표현하기도 했다(「북쪽 동무들」). 박덩이가 뒹굴고 빨간 고추가 집집마다 익어가는 가을 농촌에서 일하고 놀고 공부하며 살아간 아이들의 삶이 있다.

권태응 동요에는 따뜻한 인정을 나누며 살아가던 농촌 아이들의 순박한 삶이 고스란히 살아 있다. 거기에는 어른들이 억지로 주입시키려는 교훈이 없다. 그래서 자연스럽게 마음에 와 닿는다. 우리말의 아름다움과 우리 산천의 소중함과 우리 아이들의 삶을 온전히 맛볼 수 있는 동시집이다.

권태응

「감자꽃」은 한때 아이들 사이에서 유행가처럼 널리 불리던 동요이다. 이 노래말을 쓴 권태응은 일제 시대에 '독서
회' 활동을 했다는 이유로 '치안유지법'에 걸려 1년 간 감옥 생활을 치르고 나왔다. 이 때 얻은 폐결핵으로 충주
에서 요양 생활을 하던 중 작품 활동을 시작했다. 그는 우리 농촌과 자연을 누구보다노 살 묘사한 시인으로 인정
받는다. 충북 충주에는 권태응의 시비가 세워져 있다.

2001년 4월에는 그를 기리는 충주 지역 문인들이 주축이 되어 권태응 50주기를 추모하는 전국 어린이 시·그림
잔치를 열기도 했다. 아동문학가 이오덕이 쓴 『농사꾼 아이들의 노래』(소년한길)를 통해서 권태응의 동요 세계를
더 자세하게 알 수 있다.

『폭죽소리』

리혜선 글 / 이담 · 김근희 그림 / 길벗어린이

중국 연변땅에 사는 우리 겨레 이야기

약 100년 전 일제 강점기에 살았던 옥희라는 소녀의 이야기이다. 옥희 부모는 일제의 수탈로 입에 풀칠하기조차 어렵게 되자 가난을 피해 만주로 간다. 하지만 거기서도 가난을 떨쳐 내기는 어려웠고, 결국 옥희는 좁쌀 한 되에 중국인 왕씨 집에 팔리고 만다.

부엌데기로 팔려 온 옥희는 왕씨 집에서 온갖 궂은 일을 하면서 왕씨 부부와 옥희 또래의 두 딸로부터 구박을 받는다. 옥희는 설이 되어 청나라 아이들이 제기차기를 하고 폭죽놀이를 하는 모습을 보면서 고향에서 논두렁 밭두렁을 태우며 쥐불놀이 하던 생각을 한다. 그리고 설빔을 입고 엄마 아빠의 사랑을 받는 주인집 쌍둥이 자매가 한없이 부럽기만 하다.

그러던 어느 날 뒷집에 사는 동무 밍밍에게 놀라운 소식을 듣게 되는데, 그건 멀지 않은 곳에 엄마처럼 치마저고리를 입은 사람들이 모여 산다는 것이었다. 옥희는 화창한 봄날 아무도 모르게 조선 사람들이 산다는 그 곳, 상발원으로 간다.

그 후 그들은 중국 연변 땅에서 먼 조국 하늘을 그리워하며 살아가는 조선족이라는 이름으로 불리고 있다. 한 번만이라도 조국 땅을 밟아 보기를 소망하면서.

나라를 빼앗기고 떠돌면서 다른 민족의 학대 속에 살아 온 우리 겨레의 슬픈 역사이다. 짙은 황토색을 주조로 한

그림은 옥희로 대변되는 우리 겨레 아
이들의 고난에 찬 삶의 여정을 짙게 드
러낸다.

아이들이 책읽기를 즐기게 하려면

하나, 아이가 제대로 읽었는지 제대로 이해했는지 확인하지 않는다. 책을 읽고 나면 어른들이 무엇인가 질문할 것
이라는 것을 마음에 두면 주체적인 독서의 즐거움을 누리지 못한다.

둘, 모든 책을 다 꼼꼼하게 읽어야 할 필요는 없다. 문학책처럼 깊이 생각하면서 읽어야 할 책이 있는가 하면, 대
충 훑어보면 그만인 오락용 책도 있다. 읽다가 지루하거나 의미 없는 책이라고 판단되면 덮어 버릴 수도 있다.

셋, 유명한 사람이나 유명한 단체의 추천 도서라 하더라도 아이의 개인적인 독서력이나 취향에 맞지 않을 수도
있다. 아이의 독서력이나 독서 패턴에 맞는 책을 읽게 한다.

넷, 활자화된 것을 맹신하지 않는다. 책에서 다루는 내용이나 정보를 절대적으로 받아들이기보다 생각할 수 있는
계기를 마련하는 데 의미를 두어야 한다.

다섯, 아이들이 책을 읽고 반응할 수 있는 기회를 준다. 어른이 먼저 묻기보다 아이들이 느낀 궁금증이나 즐거움
을 말할 기회를 준다

여섯, 책을 읽으면 반드시 독후감을 써야 한다는 부담을 주지 않는다. 독후감을 쓸 수도 있고 쓰지 않을 수도 있
다는 생각을 갖게 한다. 대신에 풍부하게 감상할 수 있도록 도와 준다.

『갈릴레오 갈릴레이』

피터시스 글·그림 / 백상현 옮김 / 시공주니어

용기 있는 과학자가 지켜 낸 진실

갈릴레이는 1564년에 태어난 위대한 과학자로 철학, 천문학, 물리학, 수학 등 여러 방면에서 큰 업적을 남긴 인물이다. 이 책은 갈릴레이가 자신의 신념을 어떻게 지켜갔는가를 나타내는 데 중심을 둔다.

어려서부터 별에 대한 관심이 많았던 갈릴레이는 모든 사람들이 먼 옛날부터 가져 온 '지구는 우주의 중심이며 모든 행성은 지구 주위를 돈다'는 철석같은 믿음에 '그것이 아닐 수도 있지 않을까?'라는 의문을 품는다. 지구를 비롯한 행성들이 태양의 주위를 돌고 있는지도 모른다고 생각한 것이다. 또 아리스토텔레스의 가르침에도 의문을 품고 실험을 통해 틀린 점을 바로잡기도 한다. 이런

정신은 물을 이용한 저울, 최초의 실용적인 온도계, 나침반, 현미경, 천체 망원경 따위를 발명하는 원동력이 된다.

갈릴레이는 네덜란드 사람이 망원경이라는 것을 만들었다는 소식을 듣고 망원경에 대해 깊이 생각하면서 성능이 뛰어난 망원경을 만드는 데 성공한다. 그리고 매일 밤 망원경을 이용해 하늘을 살피며 자신이 관찰한 것을 기록한다. 얼마 뒤 그 기록들을 가지고 『별 세계의 전령』이라는 책을 낸다. 갈릴레이는 그 책에서 이제까지 베일에 싸였던 신비로운 사실들을 밝혀 내어 천문학자들 사이에서 오가던 오랜 논쟁이 비로소 끝나게 한다. 그 후로도 꾸준하게 태양을 관찰해서 새로운 사실들을 많이

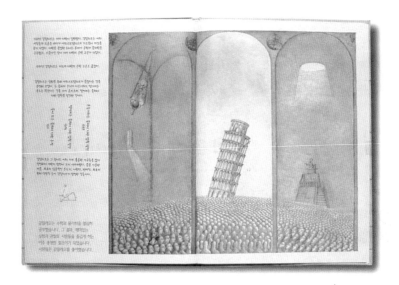

밝혀 낸 갈릴레이는 자신이 만든 망원
경과 책을 유럽의 모든 왕과 군주들에
게 선물로 보낸다. 많은 사람들이 그의
발명품을 축하하기 위해 특별한 행사를
열기도 한다.

갈릴레이의 명성이 높아지고 찬사가
쏟아진다. 그러자 교회는 갈릴레이가 주
장하는 이론과 믿음이 거룩한 성서에
위배되고 교회의 권위를 떨어트린다 하
여 유죄 판결을 내리고 집 안에 가두어
버린다. 갈릴레이는 죽을 때까지 집 안
에 갇혀 감시를 받으면서도 하늘과 우
주의 신비에 대한 신념을 버리지 않는
다. 300년이 훨씬 지난 다음에야 갈릴레
이를 처벌했던 그 교회의 지도자는 갈
릴레이의 죄를 용서한다. 그리고 갈릴레

이가 옳았던 것 같다고 인정한다.

글은 간단명료하다. 갈릴레이가 옳았
다. 그림은 갈릴레이의 이론을 뒷받침하
기도 하고, 갈릴레이가 살았던 시대를
그려 보이기도 한다. 갈릴레이가 했던
말, 갈릴레이의 정신을 나타내는 글, 갈
릴레이를 상징하는 그림들을 화면 곳곳
에 배치해서 조금은 딱딱한 이론을 흥
미 있게 접근하도록 한다. 진실을 밝히
기 위해서 죽음을 눈앞에 두고도 소신
을 꺾지 않았던 노과학자의 용기 있는
삶이 감동적이다.

『까마귀 소년』

야시마 타로 글 · 그림 / 윤구병 옮김 / 비룡소

따돌림은 싫어요

보통 사람들은 누군가 자기와 다르면 배척하는 경향이 있다. 규격화된 사회 속에서 '무엇이 무엇이 똑같을까'를 외치며 같아지기를 배워 오고 있기 때문이다. 조금이라도 다른 생각, 다른 모습에 대하여 불안해하고 문제시한다. 그러다가 급기야는 '다른' 사람을 따돌리기도 한다. 『까마귀 소년』은 그런 현상을 잘 보여 준다.

먼 산골에서 난생 처음 학교에 온 아이는 낯선 학교, 낯선 선생님이 무섭기만 하다. 아무하고도 자연스럽게 어울리지 못했고 공부는 꼴찌를 면치 못한다. 그 누구의 관심도 끌지 못하던 아이는 따돌림을 받다가 외톨이가 된다. 그리고 주변의 사물을 세심하게 관찰하면서 혼자 시간 보내는 방법을 터득하기 시작한다. 책상의 나뭇결, 비 오는 창 밖에 보이는 놀라운 사실들, 눈을 감으면 들려 오는 온갖 소리들, 날아가는 새, 기어가는 벌레들은 모두 그의 동무가 된다. 아이들은 그 애를 땅꼬마, 바보, 멍청이라 부른다.

새로 부임한 이소베 선생님에게 발견되기까지 땅꼬마는 상처받은 한 마리 새였다. 이소베 선생님은 산과 들에서 자라는 꽃과 나무에 대해서 모르는 것이 없는 땅꼬마를 유심히 지켜 본다. 그 애가 그린 그림, 알아보기 힘든 글씨들도 소중히 여겨 준다.

그리고 그 해 학예회 날 땅꼬마를 무대에 올려 준다. 무대에 올라간 땅꼬마는 알에서 갓 깬 까마귀 소리부터 엄마 까마귀 소리, 좋은 일 또는 나쁜 일이 생겼을 때, 행복할 때 내는 소리 그리고 고목에 앉아 우는 까마귀 소리까지 온갖 까마귀 소리를 흉내낸다. 사람들은 비로소 먼 산길을 혼자 걸어서 학교에 오가면서 따돌림으로 깊이를 잴 수 없는 외로움에 시달렸을 아이의 마음을 읽고 눈물을 흘린다. 사람들은 그 애를 까마귀 소년이라 부른다.

아이마다 갖고 있는 서로 다른 장점을 이끌어 낼 줄 아는 사려깊은 교사로 인해 따돌림으로 상처받은 아이가 위로를 받고 다른 사람들도 비로소 땅꼬마를 한 인간으로 받아들이는 모습이 가슴을 울리며 다가온다.

『까마귀 소년』은 독특한 그림이 눈길을 끄는 책이다. 판화로 된 그림은 알록달록한 그림에 익숙한 아이들에게 낯설게 다가올지 모르겠다. 하지만 따돌림 당하는 아이의 외로움과 고독함과 슬픔을 다소 어두운 느낌으로 전달하다가 점차 밝고 따뜻한 느낌으로 바꾸면서 밝은 결말을 암시한다.

더 읽어 보세요
『모르는 척』 우메다 순사코 글, 길벗어린이
『양파의 왕따 일기』
문선 글, 박철민 그림, 파랑새어린이

3학년

『바퀴 달린 모자』

신형건 글 / 위승희 그림 / 현암사

아이 눈으로 바라본 세상

자기 마음을 누군가에게 들키면 부끄러울 때가 있다. 하지만 자기 마음을 그대로 옮겨 놓은 듯한 글을 보면 반가움이 앞선다. 그것은 때론 빙그레 웃음이 나오게 하고, 깔깔대고 웃게도 한다. 마치 내 마음을 들여다보는 듯해서 무릎을 탁 치게도 한다. 이 동시집이 꼭 그렇다. 아이의 마음 속을 방금 헤엄쳐 나온 듯한 싱싱한 시구들은 마주 앉아 소근대고 깔깔대는 아이들을 보는 듯하다.

만약에 물고기가 세상을 지배하게 된다면 사람들은 물고기들의 명령을 받게 된다는 상상은 자신이 처한 현실에 발빠르게 순응하는 사람들의 모습을 재미있게 환기시키며 의표를 찌르는 메시지를 전해 준다. 장군이 되어 어깨에 쇠쪼가리로 된 별을 달기보다 진짜 날개를 다는 참새가 되는 것이 장래 희망인 아이의 넉넉한 마음도 그냥 좋다.

30센티미터 자로 할 수 있는 일을 열세 가지나 생각해 낼 수 있는 지혜로움이, 캄캄한 귀 속에서도 불평 없이 지낸 귀지는 원래 우리 귀에 들어오는 수많은 말들 중에서 쓸모 없는 말들이 모인 것일지도 모른다는 상상력이 시적 감성을 불러일으키는 동시집이다.

신형건

치과 의사이자 아동문학에 남다른 애정을 가진 동시인이기도 하다. 1984년에 등단한 이후 아름다운 언어로 아이들의 감성에 호소하는 시를 써오고 있다. 『거인들이 사는 나라』(푸른책들), 『크는이에게 주는 수수께끼』(베틀·북)등의 동시집을 펴냈다.

『뚱보 방정환 선생님 이야기』

이재복 글 / 지식산업사

어린이 운동의 아버지

　해마다 5월이면 사회 곳곳에서, 가정에서 어린이를 위한 행사들이 풍성하게 열린다. 이렇게 되기까지는 일찍이 어린이가 미래의 희망이라고 믿은 방정환의 애씀이 있다. 방정환은 1922년 5월 1일 우리 나라 첫 어린이날을 제정하고 대대적인 행사를 치러 당시 사회와 어른들에게 어린이들을 인격적 존재로 부각시켰다.

　또한 나라를 빼앗긴 우리 어린이들에게 세계명작동화를 번안한 책 『사랑의 선물』을 안겨 주었으며, 한국 어린이 잡지 역사상 유래 없는 인기를 끌었던 잡지 〈어린이〉를 발간하여 한때는 10만의 독자를 거느리기도 했다. 이런 〈어린이〉의 성과는 한국 아동문학의 한 시대를 관통해 온 이원수, 마해송 같은 작가를 배출하기도 했다.

　뛰어난 이야기꾼이기도 했던 방정환은 동화, 옛 이야기, 번안, 동시, 동요, 수필, 탐정소설, 아동문학평론, 동극, 인물평, 기행문 등 온갖 종류의 글을 쉴새없이 쓰면서 언론인으로서도 명성을 떨쳤다. 일제 강점기에 일제의 눈을 피해가며 우리 어린이들을 독립된 나라의 주인으로 세우기 위해 독립운동가로, 아동문학가로, 어린이문화운동가로, 언론인으로 치열하게 살았던 방정환의 삶에서 나라 사랑, 어린이 사랑의 참된 의미를 읽을 수 있다. 그림책으로 나온 방정환의 동화 『만년샤쓰』(길벗어린이)와 함께 읽으면 더욱 좋겠다.

『조선의 여걸 박씨부인』

정출헌 글 / 조혜란 그림 / 한겨레신문사

남다른 지혜와 용기로 조선의 기개를 드높인 여인

'얼굴은 검붉은 데다 그물처럼 온통 얽어 있었고 주먹만한 코는 입과 맞닿아 있었어요. 우렁처럼 우묵하게 생긴 눈은 위아래로 뒤틀려 있었고 입은 주먹이 들락날락할 만큼 큰 데다 귀까지 찢어져 있었어요. 이마는 뒤로 벗겨져 메뚜기와 같았습니다.'

한때 청나라 오랑캐를 꼼짝 못하게 한 조선의 여걸 박씨부인의 얼굴 모습이다. 박씨부인은 아버지 박처사의 업으로 이렇게 끔찍한 얼굴을 한 채 시백과 결혼하지만, 신방에서 처음 신부의 얼굴을 본 신랑은 기겁을 하고 달아난다.

박씨부인은 신랑의 외면과 시어머니의 구박을 견디며 몇 년을 보낸다. 세월이 흘러 아버지 박처사의 업이 풀리면서 박씨부인은 세상에서 보기 드문 아름다운 모습을 되찾는다. 그리고 백만 대군을 이끌고 우리 나라를 쳐들어온 청나라 오랑캐를 신통력과 용기와 배짱으로 거뜬하게 물리친다. 무능한 임금과 간신배들의 모략으로 나라가 위기에 놓였을 때 남다른 지혜와 용기로 눈부신 활약상을 발휘한 조선 여성의 참모습을 유감없이 보여 주는 것이다.

남자의 그늘에 가려 수동적인 삶을 살아야 했던 인습을 깨고 나라의 주인으로, 삶의 주인으로, 가정의 주인으로 우뚝 서는 조선 시대 여인 박씨부인의 활약상은 사회적 존재로서 여성의 가치에 눈뜨게 한다.

『밤안개』

이원수 글 / 권사우, 김정한 그림 / 웅진닷컴

우리 아동문학의 아버지
이원수 동화 읽기

한국 아동문학의 한 시대를 관통해 온 이원수의 작품엔 격랑의 역사를 온몸으로 살아 온 경험이 고스란히 녹아 있다. 아이들에게 소리없이 다가오는 고통을 감당해 낼 힘을 주고 준엄한 꾸짖음도 잊지 않는다.

「여울목」에 나오는 일웅이는 새엄마에 대한 편견으로 온갖 마음앓이를 한다. 그 때문에 '죽는 게 낫다'고 생각하며 여울목에 차 오르는 물에 몸을 내맡기고 어쩔 줄 몰라 할 때 새엄마가 허위허위 달려와 일웅이를 끄집어 낸다. 자기를 이불에 싸서 아기처럼 보듬어 데려가는 새엄마에게 마음을 열어가는 일웅이를 보면서 자연스럽게 새엄마에 대한 편견을 극복하게 한다.

「밤안개」에 나오는 경림이는 시골 학교로 전학을 온 아이이다. 경림이는 덕례를 '거지 같은 년'이라고 무시하며 욕을 하다가 아이들의 집단 야유를 받고 마음이 상해 혼자 안개 자욱한 길을 간다. 시장 근처에서 땀을 흘리며 푸성귀를 가득 실은 리어카를 밀고 가는 덕례를 본 경림이는 부끄러움을 느끼며 마음을 고쳐먹는다.

그 밖에 「나홀로와 젊어지는 약」이나 「고 부자와 아이들」에서는 욕심으로 가득 차 주변을 돌아보지 않는 이들을 꾸짖는다. 강대국들의 싸움에 희생된 약소국의 비애를 그린 「장난감과 토끼 삼형제」는 우리 겨레의 역사를 돌아보게 한다.

『집짓기』

강영환 글 / 홍성찬 그림 / 보림

집은 어떻게 지을까요

우리 겨레 집의 역사와 그 속에 담긴 과학 정신을 읽을 수 있는 책으로, 모두 3부로 구성되어 있다.

1부 '집은 어떻게 발전하였나'에서는 각 시대별 집의 형태와 기후 조건에 맞게 집을 발전시켜 온 과정을 글과 그림으로 소개한다. 심한 더위와 추위를 막고 불씨를 간직하며 살던 원시인들의 집, 물을 쉽게 구하기 위해 강가에 여러 채의 움집을 짓고 살던 신석기 사람들의 집, 햇볕과 바람이 잘 통하여 쾌적하며 겨울엔 따뜻하고 여름엔 시원하도록 땅 위에 지은 초가집, 흙을 구워 만든 기와를 얹은 집, 화려한 궁궐 등 여러 형태의 집을 소개한다.

2부 '집짓기'에서는 전통 한옥을 짓는 과정을 소개한다. 집의 짜임새, 집을 짓는 데 필요한 도구, 집터를 잡고 집을 짓는 과정 들을 세밀한 그림과 함께 다룬다. 민가와 사대부의 집이 갖는 아름다움과, 그 쓰임새에 맞게 지어진 집들에서 우리 조상들의 과학적이고도 뛰어난 예술적 감각을 엿볼 수 있다.

3부 '전통집'에서는 원시 시대부터 현대까지 기후와 지역에 맞는 여러 형태의 집을 보여 준다. 사계절이 뚜렷하고 삼면이 바다인 지리적 특성에 따라 기능과 모양을 살린 갖가지 형태의 집을 볼 수 있다.

이 밖에도 난방과 취사를 한꺼번에 해결하는 온돌, 유리창이 없을 때 외부의 빛을 방으로 끌어들인 창호지, 서까

래의 길이와 각도를 달리하여 만들어 낸
우아한 처마 곡선 등에서는 과학과 예술
의 조화, 자연과 인간의 조화를 추구한
조상들의 멋진 과학 정신을 엿볼 수 있
다. 첨단 기계 문명에 의존하는 외국의
과학과 달리 우리 전통 과학은 자연과의
조화를 중시했음을 알 수 있다.

　세밀하고도 정교한 그림에 담긴 우리
과학 정신과 정서가 귀하게 다가온다.
이 책은 제17회 한국어린이도서상을 수
상했다.

더 읽어 보세요.

『배무이』 최완기 글, 김영만 그림, 보림

『옷감짜기』 김경옥 글, 김형준 · 정진희 그림, 보림

『고기잡이』 박구병 글, 이원우 그림, 보림

『조상들은 어떤 도구를 썼을까』
우리누리 글, 고후식 그림, 중앙M&B

『우리가 알아낸 날개의 비밀』
정하섭 글, 이형진 외 그림, 웅진닷컴

『숲은 어떻게 만들어지는가?』

윌리엄 재스퍼슨 글 / 척 에카르트 그림 / 이은주 옮김 / 비룡소

숲이 만들어지는 데 200년이 걸린다

누구나 숲을 보면 마음이 편안해진다. 숲이 가진 색깔, 숲이 가진 생명력, 숲이 가진 공기 때문이다. 이 책은 매사추세츠에 있는 한 숲이 태어나고 성장하는 과정을 보여 준다.

작은 풀씨 하나가 바람과 햇볕과 비의 도움을 얻어 싹을 틔운다. 그것을 시작으로 민들레, 큼직한 미역취, 작은 별꽃, 왕고들빼기, 노랑데이지 등 크고 작은 식물들이 자꾸 생겨나 뿌리를 내리기 시작한다. 이어서 덤불이 우거지고 열매가 열리는 식물이 자라기 시작한다. 이것을 먹이로 삼는 새들이 날아오고, 크고 작은 동물들이 찾아와 땅 속에 둥지를 튼다.

검은 색 펜화로 그려진 거대한 숲과

3학년

그 곳에서 살아가는 온갖 생명체들의 크고 작은 움직임이 느껴지기 시작한다.

새, 곰, 토끼, 달팽이, 두더지, 뱀 따위의 생명체들은 숲에서 살고 숲은 이들을 키운다. 이처럼 숲은 끊임없이 새로운 생명들이 태어나고 사라지는 바탕이 된다. 그것은 생태계의 질서가 인간의 생명줄과도 닿아 있음을 느끼게 한다. 이런 숲이 만들어지기까지는 자그마치 200년이나 걸린다는 사실은 새삼 숲의 소중함, 자연과 생명의 소중함을 인식하게 한다.

책을 읽어 가다 보면 다양한 나무 이름, 꽃 이름, 동물 이름과 그들이 살아가는 데 필요한 조건들이 나와 숲에 대한 지식도 함께 얻을 수 있다.

『밤티 마을 큰돌이네 집』

이금이 글 / 양상용 그림 / 푸른책들

험한 풍파도 비켜 가는 가족의 힘

아이들에게 가난보다 더한 고통은 엄마가 없다는 사실이다. 가난은 배고프게 할 뿐이지만 엄마가 없다는 사실은 마음을 가난하게 하기 때문이다. 이 동화는 엄마가 없어서 외로움과 쓸쓸함, 서러움까지 겹쳐지는 마음의 가난을 겪는 아이들 이야기이다.

그런데 어른들은 마음의 가난보다 몸의 가난이 더 힘든가 보다. 큰돌이 엄마는 아버지가 돈을 제대로 벌어 오지 못하자 집을 나가 버린다. 큰돌이와 영미 남매는 서로 의지하면서, 술주정이 심한 아버지와 듣지도 말하지도 못하는 할아버지와 살면서 엄마가 없는 외로움과 쓸쓸함을 견디어 낸다.

아이들의 형편을 보다 못한 쑥골 할

머니가 영미를 어느 부잣집에 양녀로 보내는데, 영미는 양부모로부터 넘치는 사랑을 받아 부족한 것 모르고 살면서도 밤티 마을과 오빠를 잊지 못한다.

큰돌이도 새엄마가 들어와 아버지의 행패도 진정되고 집안이 안정되자 영미에 대한 주체할 수 없는 그리움으로 서성인다. 이런 아이들의 마음을 헤아린 큰돌이네 새엄마는 영미 양부모의 양해를 얻어 영미를 다시 데려온다.

큰돌이네 가족이 감당하기 어려운 현실을 서로에 대한 따뜻한 마음으로 이겨나가는 걸 보면서 세상을 살아가는 가장 큰 힘은 가족들의 믿음과 사랑으로부터 나온다는 걸 느끼게 된다.

더 읽어 보세요.

후속 편 격으로 나온 「밤티 마을 영미네 집」(양상용 그림, 푸른책들)은 양녀로 입양 갔던 영미가 밤티 마을의 가족에게로 다시 돌아온 이후의 이야기이다. 영미가 새엄마인 팥쥐 엄마에게 불만을 품고, 어느 날 느닷없이 친엄마가 찾아와 갈등과 위기가 이어지지만, 당당하고 씩씩하며 아이들에게 대한 넘치는 사랑을 가진 팥쥐 엄마의 힘으로 영미네 가족은 점차 안정을 되찾아 간다. 곰보라서 얼굴은 밉지만 마음씨 고운 팥쥐 엄마의 건강한 캐릭터가 새엄마의 새로운 모델로 크게 다가온다.

『행복한 청소부』

모니카 페트 글 / 안토니 보라틴스키 그림 / 김경연 옮김 / 풀빛

진정한 삶의 기쁨을
발견하는 지혜

하층민들의 직업으로 인식되는 청소부 일을 하면서도 뭇 사람들의 존경을 받는 사람이 있다. 그는 몇 년 동안 아무 생각 없이 자기에게 주어진 작가와 음악가들의 거리 표지판을 닦았다. 그러다가 어떤 계기로 인해 자신의 무지를 깨닫게 된다. 그는 무지에서 벗어나기 위해 공부를 시작했고, 그러면서 충만한 삶의 기쁨을 발견한다.

책에 담긴 글은 청소부의 마음을 차분하게 하고, 또 들뜨게도 한다. 곰곰이 생각에 잠기게도 하고, 우쭐한 기분이 들게도 한다. 기쁘게도 하고, 슬프게도 한다. 그리고 그는 음악가들이 음을 대하듯이, 곡예사가 공과 고리를 대하듯 작가들은 글을 대한다는 걸 발견한다.

음악가들에 대해 알기 위해 오페라 극장을 찾은 청소부의 음악에 대한 표현은 기가 막히다.

"음악 소리가 솟아오르기 시작했어. 조심조심 커지다가, 둥글둥글 맞물리다, 산산이 흩어지고, 다시 만나 서로 녹아들고, 바르르 떨며 움츠러들고, 마지막으로 갑자기 우뚝 솟아오르고는, 스르르 잦아들었어."

청소부는 거리의 표지판에 새겨진 작가와 음악가들에 대해서 훤히 알게 되자, 일하면서 유명한 음악가들의 노래를 흥얼거리고, 작가들의 작품 가운데 마음에 드는 구절을 읊조리기도 한다. 그리고 자기가 알고 있는 것을 이야기하자길 가던 사람들은 발걸음을 멈추고 그

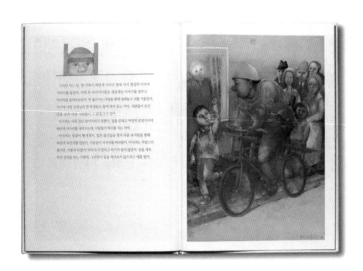

의 이야기에 귀를 기울이곤 한다. 사람들은 그를 보면서 거리 표지판 청소하는 사람이 따로 있고, 시와 음악을 하는 사람이 따로 있다는 생각을 버리게 된다.

여러 대학에서 강연 요청이 오지만 청소부는 "나는 하루 종일 표지판을 닦는 청소부입니다. 강연을 하는 건 오로지 내 자신의 즐거움을 위해서랍니다. 나는 교수가 되고 싶지 않습니다." 라고 하면서 거절한다. 삶의 가치는 높은 지위나 물질에 있는 것이라는 고정관념에서 벗어나게 하면서 진정한 삶의 기쁨을 발견하는 지혜를 주는 책이다.

학교에 들어간 아이들도 그림책을 즐기게 해 주세요

보통의 경우 그림책은 유아들이나 보는 책이라는 생각을 갖고 있습니다. 아이들이 학교에 들어갔다는 이유만으로 그림책이 갖고 있는 풍부한 즐거움을 놓치는 것은 참 아쉬운 일입니다.

학교에 들어간 아이들이라고 해서 글이 다 하지 못하는 이야기를 그림으로 읽는 재미, 등장인물들의 섬세한 표정을 읽는 재미, 스토리와 배경과 인물들을 나타내는 온갖 가지 색깔과 이미지들을 감상하는 즐거움, 작가에 따라 달라지는 그림 재료나 기법들이 주는 즐거움 따위를 놓쳐야 할 이유는 없습니다.

그림책은 어린 아기부터 노인에 이르기까지 누구나 즐길 수 있는 책입니다.

『캄펑의 개구쟁이』

라트 글·그림 / 김경화 옮김 / 오월

만화로 읽는 말레이시아 동화

9월

캄펑은 말레이시아어로 '시골'이라는 뜻인데 고향이라는 말로도 쓰인다. 지은이가 어린 시절을 회상하며 쓴 이 이야기는 독자들을 이제는 사라져 버린 말레이시아의 옛 마을로 데려가 개구쟁이로 되돌려 놓는다.

강가에서 여러 가지 다이빙 묘기를 보여 주던 아빠, 아빠와 함께 자전거를 타고 나간 시장에서 본 온갖 볼거리와 낯익은 얼굴들, 친구들과 함께 물고기가 된 듯 발가벗고 물 속으로 뛰어들고 기어오르고 무서워하고 깔깔대며 뒹굴던 환희에 찬 시간들은 오직 라트만의 것이었다.

이런 개구쟁이 시절을 거쳐 할례를 받아야 할 나이가 되고 점점 책임도 생기고 가족의 일원, 이웃의 일원, 사회의 일원이 되어가는 모습이 그려진다. 엄격하지만 유머러스하고 자상한 아버지, 따듯한 어머니, 넉넉한 이웃 사람들에게서

134

짙은 휴머니즘을 읽게 된다.

한 쪽 혹은 두 쪽을 가득 채운 만화스타일의 흑백 그림들은 캄펑의 풍경과 인물들의 표정을 생생하게 살려 낸다. 옮긴이의 말을 빌면 여기에 등장하는 라트의 가족, 친구들, 이웃 사람들 모두가 실재했던 사람들이라고 한다. 그래서인지 마치 오래된 이웃들처럼 친근함이 느껴진다.

말레이시아의 고유한 풍습과 전통을 소중히 여기는 정신도 엿볼 수 있다. 속편으로 라트의 중학교 진학 이후를 그린 『도시의 개구쟁이』도 나와 있다.

만화, 혹은 만화 스타일의 책에 대하여

일반적으로는 만화를 부정적으로 여기는 고정관념이 뿌리깊다. 아이들은 숨어 먹는 떡이 더 맛난다는 듯 몰래몰래 만화를 보면서 키득거리기를 결코 멈추지 않는다. 만화에 대한 부모님들의 대처요령!

하나, 만화를 무조건 못 보게 할 것이 아니라 아이가 읽고 싶어하는 만화를 함께 본다. 읽은 만화에 대한 장단점을 따져서 권할 수 있는지 권할 수 없는지 이야기를 하거나 글로 써 본다.
둘, 자기가 읽은 만화 내용을 주위 사람에게 말하게 하여 주변 사람들의 의견을 듣도록 한다.
셋, 읽은 만화를 다른 사람에게 권할 수 있는가를 판단해서 등급을 매겨 본다.
넷, 만약에 자신이 작가라면 만화를 어떻게 구성할 것인지 마음 속으로 그려 보게 한다.

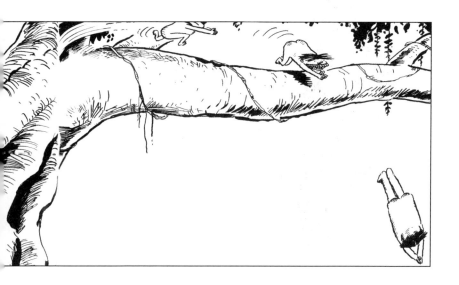

『나는 평화를 꿈꿔요』

유니세프 엮음 / 김영무 옮김 / 비룡소

아이들 눈에 비친
전쟁의 모습

멈추세요, 비행기와 폭탄을 멈추게 하세요, 죽이고 부수는 것을 멈추세요, 어린이 얼굴에 행복한 웃음이 살아나게.

꿈 속에서 나는 폐허가 된 도시의 구시가지를 걸으며 썩은 빵 조각을 찾고 있었다.
우리 삼촌과 이웃 아저씨가 불려 나갔다! 그들은 기관총으로 쏴 버렸다.

'옛 유고슬라비아 어린이들의 눈에 비친 전쟁의 여러 모습'이라는 부제가 말해 주듯, 삶과 죽음이 순간적으로 교차하는 전쟁의 현장에서 쓰고 그린 유고 어린이들의 시와 그림을 엮은 책이다.

이 책에 실린 어린이들의 글과 그림은 전쟁의 처참함을 생생하게 전달한다. 왜, 무엇 때문에 전쟁이 일어나는지도 모르는 아이들은 자신을 겨누는 총부리를 보아야 하고, 부모가 총탄을 맞고 피를 흘리며 쓰러지는 장면을 낱낱이 목격해야 한다. 폭격을 맞은 집 앞에서 가족의 시신을 보고, 총탄을 피해 달아나면서 미처 자신의 삶을 느낄 겨를이 없다.

아이들이 쓴 글과 그림에는 전쟁의 공포와, 하루빨리 총성이 멎고 평화로운 일상으로 돌아가기를 바라는 간절한 염원이 손에 묻어날 듯 그려진다. 폭탄을 맞고 심한 화상을 입은 사라예보의 어린이 알렉산드르가 눈을 감으며 '나는 평화를 꿈꿔요.'라고 한 말과 제니카 지역의 5학년 어린이가 쓴 글은 지구상의 모든 어른들이 일으킨 전쟁이 얼마나 어리석은 짓인가를 통렬하게 고발한다.

'우리는 이제 열두 살밖에 안되었어요. 우리 힘으로는 정치와 전쟁을 어떻게 할 수 없지만 우리는 살고 싶어요. 그리고 우리는 이 미친 짓을 멈추게 하고 싶어요. 오십 년 전의 안네 프랑크처럼 우리는 평화를 기다리고 있어요.'

비극적 현실을 통해 평화의 염원이 더 싶게 나타나는 책이다.

> 예술은, 더구나 동심의 예술은 제왕보다도 높다.
> ─ 「아동문학 입문」(이원수 글, 소년한길) 중에서

『루이 브라이』

마가렛 데이비슨 글 / 자넷 컴페어 그림 / 이양숙 옮김 / 다산기획

눈먼 사람들을 위해 글자를 만든 소년

"아침은 언제 와요?" 프랑스 꾸브레이라는 작은 마을에서 태어난 루이 브라이가 묻는다. 세 살 때, 마구를 만드는 아버지 작업장에서 송곳에 한쪽 눈을 찔리고 감염으로 다른 쪽 눈마저 영영 잃어버리기 전까지는 그도 아침이 오고 해가 뜨는 아름다운 세상의 주인이었다. 그러나 브라이는 계속되는 어둠을 느끼면서 자신이 다른 사람들과 다르다는 걸 알게 된다.

그는 어둠 속에서 소리와 느낌으로 사물과 사람을 알아보게 되었을 때 남 모르는 기쁨을 누리기도 했지만, 지나가는 사람들이 작은 목소리로 "저기 불쌍한 루이 브라이가 가는구나."라고 말하는 소리를 듣는 것은 견디기 힘들었다.

루이 브라이는 주변의 시선에 아랑곳하지 않고 열두 살 되던 해부터 맹인들을 위한 글자 개발에 나선다. 그리고 주변의 무관심과 멸시와 싸늘한 비웃음을 극복하고 마침내 맹인용 점자를 만들어 내기에 이른다.

그러나 맹인 학교 교사는 물론 그가 교사로 일하는 학교의 교장까지도 브라이가 개발한 점자를 못 쓰게 하고 점자책마저 불사르는 등 시련을 준다. 브라이는 자신의 신념을 관철시키는 데 있어서 경직된 사회 제도와 사람들의 이기심과 질투와 힘겨운 싸움을 해야 했다. 그러나 브라이가 개발한 점자는 눈먼 사람들의 큰 호응을 얻고 브라이의 이름은 전세계에 알려진다.

```
A B C D E F G H I J
K L M N O P Q R S T
U V W X Y Z
```

　브라이가 세상을 떠난 1852년에는 파리의 어떤 신문도 그의 죽음을 보도하지 않았지만, 그로부터 100년이 지난 1952년에는 전세계의 모든 신문이 브라이 이야기를 다루었다. 벽처럼 다가오는 시련 앞에 굴하지 않고 자신의 신념을 관철시킨 브라이의 삶은, 옳은 일은 반드시 승리한다는 믿음을 갖게 한다.

인물전에 대하여

인물전은 한 시대를 살아간 인물의 삶을 다룬 책이다. 그러니까 인물전을 이해하자면 그가 살았던 시대와 사회를 이해할 수 있는 지적 능력이 발달되어야 한다. 그럼에도 너무 이르게 인물전을 읽히면 아이들은 자신과 비교하면서 좌절감을 맛볼 수 있다. 인물전은 적어도 3학년을 전후하여 읽히는 것이 좋다. 1학년을 전후한 아이들을 대상으로 한 인물전은 일화 몇 가지만으로 만든 인물전인 경우가 많아 한 인물을 온전히 이해하는 데 도움이 되지 않는다. 나중에 그것을 읽어야 할 때는 어렸을 때 이미 읽었다고 해서 쉽게 지나칠 수도 있다.

인물전 고르는 방법

하나, 너무 오래된 시대의 인물전은 피한다.
둘, 왕이나 장군 등 위대한 사람 중심의 인물전보다 자기 분야에서 최선을 다한 사람들의 삶을 다룬 책을 고른다.
셋, 업적만을 부각시키기보다 인물의 삶을 진실하게 그렸는가를 살펴본다.
넷, 현대 사회의 가치관에 맞는지 따져 본다.
다섯, 내용은 물론 그림도 사실에 맞게 표현되었는지 따져 본다.
여섯, 외국 도서인 경우 반드시 번역자를 밝힌 책을 고른다.
일곱, 인물전은 역사서이며 문학서이다. 쉽고 아름다운 문장으로 씌어졌는지 살펴본다.

『오리가 알 욕심을 내더니』

장대위 외 글 / 정태련 그림 / 국제문화 옮김 / 웅진닷컴

새와 물고기와 동물들이 살아가는 이야기

동물, 식물, 곤충 등을 의인화하여 동식물의 세계를 흥미로운 동화 형식으로 다룬 중국 자연 과학 동화 시리즈 가운데 한 권이다. 자연 과학을 다루는 방법 가운데 동화라는 형식을 취한 것은 딱딱한 지식을 간접적으로 전하면서 자연스럽게 자연 과학 지식을 얻게 한다는 점에서 효과적이기 때문이다.

『오리가 알 욕심을 내더니』에서는 새들이 살아가는 세계를 흥미롭게 다룬다. 수컷 펭귄은 영하 50도의 추위에서 두 달 동안이나 먹지도 않고 알을 품는다. 두견이는 둥지를 지을 줄 몰라 남의 둥지에 알을 낳고 도망친다. 그리고 새들 중에는 대식가가 많은데 두견이는 송충이를 한 시간에 100마리나 먹고, 곤줄박이는 벌레를 1500마리, 부엉이는 한여름에 두더지를 1000마리나 잡아먹는다. 다

른 종족과 마찬가지로 새들도 서로 사랑하고 종족을 번식시키기 위해 아기를 낳고 키우면서 강한 모성애 혹은 부성애를 나타낸다. 그 모습을 보면 사람이 그들을 지배한다는 사고방식에서 벗어나 더불어 살아가야 할 대상임을 인식하게 된다.

함께 나온 책으로는 다음에 소개할 몇 가지가 있다.

『원숭이 의사가 왕진을 가요』는 코끼리, 하마 등 동물들의 생태적 특성을 다룬다. 『철의 대왕을 울린 나무아이』는 철의 성질, 마찰력 등 생활 속의 과학 이야기를 다룬다. 『용의 눈이 된 개똥벌레』는 매미, 모기, 꿀벌 등 곤충들이 치밀한 질서 속에서 움직이는 모습을 그린다. 『사막의 정복자 버드나무』에서는 다양한 형태로 변화하고 발전하는 식물들의 이야기가 전개된다. 『문어는 바닷속 골목대장』은 붕어, 잉어, 메기, 산천어 등 강이나 냇물에서 사는 민물고기들과 바다거북, 갈치 등 바다 동물들이 주인공이 되어서 어울려 살아가는 모습을 그린다.

과학 동화를 고를 때

저학년을 위한 과학 동화를 찾는 분들이 많습니다. 자연 과학책은 지식을 전달하는 책으로서 자연계에 대한 구조나 지식을 전달하는 것이 목적이지요. 때로는 지식이나 정보 그 자체만을 다루는 경우도 많아요. 그러나 이런 과학책은 어느 정도 논리적인 사고가 형성되어야 즐거이 읽을 수 있습니다. 저학년 아이들, 특히 1, 2학년 아이들은 정보나 지식보다도 정서적인 교육이 더 필요한 때입니다. 동화를 통해서 사람과 자연, 사람과 사람의 관계를 정서적으로 이해하는 것이 더 필요한 시기이지요. 아직은 언어를 배우는 시기이기도 합니다. 풍부한 언어를 배우고 사물과 자연과 사람에 대한 이해를 쌓아 가는 아이들의 과학책을 고를 때 이런 점을 참고하시면 좋습니다.

첫째, 모든 책에 해당하는 말이겠습니다만, 특별히 과학에 관심 없는 아이라도 어렵다는 느낌을 주어서는 안 되겠습니다. **둘째,** 단순히 지식만을 전하기보다 과학의 원리를 알려 주어야 합니다. **셋째,** 최신의 지식을 다루어야 합니다. 문학은 허구의 세계를 다루지만 과학은 허구가 아니지요. 하루가 다르게 발전하는 과학은 어제의 지식이 낡은 지식이 되는 경우가 허다합니다. 따라서 이미 지나 버린 낡은 지식을 다루어서는 안 되겠지요. **넷째,** 그림과 사진, 그래프를 적절하게 활용하여 아이들이 흥미를 느낄 수 있도록 해 주면 더욱 좋습니다.

『나무가 되고 싶은 화가
박수근』

김현숙 글 / 나무숲

투박한 질감으로 우리
정서를 나타내는 화가

고흐나 밀레 같은 서양 화가에 비해
이 책에서 다루는 박수근의 생애나 그
림은 다소 낯설게 느껴질 수도 있다. 하
지만 한 발짝 다가가 그의 그림을 찬찬
히 들여다보노라면, 가난했지만 정겨웠
던 지난날의 우리 삶과 만나게 된다. 그
건 막연하게 불편하다고만 여기던 한복
을 직접 입어 보고 난 다음에 발견하는
편안함 같은 것이다.

박수근은 우리 농촌의 삶과 나무와
아이들을 주로 그린다. 투박함과 소박함
을 미덕으로 삼는 그의 그림은 미술에
대해 잘 모르거나 특별한 관심이 없는
사람들도 금방 익숙해지게 한다. 이 책
은 박수근의 생애를 다룬 글과, 화보로
실린 그림을 통해 한국적인 미술을 맛

보게 한다는 점에서 의미 있다.

박수근은 어린 시절 밀레의 〈저녁종〉을 보면서 그림에 마음을 빼앗긴 후 '밀레 같은 화가'가 되기를 꿈꾼다. 하지만 가난한 농촌 현실은 그에게 제대로 된 미술 교육을 받을 기회를 주지 않는다. 미술에 대한 남다른 열정을 포기하지 않은 박수근은 스스로 공부하여 자기만의 독특한 세계를 구축한 화가가 되기에 이른다. 〈절구질하는 여인〉, 〈나무와 두 여인〉, 〈나물 캐는 소녀들〉 등의 그림들에서 박수근만의 소박한 미술 세계가 꾸밈없이 나타난다.

특히 이 책은 박수근의 생애를 다룬 인물전이면서 그의 그림들을 감상할 수 있는 화집의 형식을 띠고 있다. 거기에 나타난 우리 농촌과 나무들과 아이들을 만나는 즐거움이 각별하다.

더 읽어 보세요
「난초를 닮은 서화가 김정희」 안성희 글, 나무숲
「풀과 벌레를 즐겨 그린 화가 신사임당」
조용진 글, 나무숲
「황소의 혼을 사로잡은 이중섭」
최석태 글, 아이세움

3학년

『화요일의 두꺼비』

러셀 에릭슨 글 / 김종도 그림 / 사계절

너하고 사귀고 싶어

자연계에는 뱀과 개구리처럼 서로를 도저히 수용할 수 없는 천적 관계가 있다. 『화요일의 두꺼비』에 나오는 올빼미와 두꺼비도 그런 사이이다. 이 책은 서로 먹고 먹히는 관계가 어떻게 친구가 될 수 있는지를 보여 준다.

다정다감한 두꺼비 워턴은 고모 집에 가다가 올빼미에게 잡혀 높은 나무 꼭대기에 갇히고 만다. 올빼미는 자기 생일날인 화요일에 두꺼비 워턴을 잡아먹을 작정이다. 그러나 일 주일 사이에 올빼미 마음은 완전히 바뀌어 두꺼비에게 '만약 친구를 사귄다면 바로 너, 너 같은 친구였으면 좋겠어.'라는 고백을 하게 된다.

무엇이 자존심 세고 무뚝뚝하기 이를 데 없는 올빼미로 하여금 잡아먹으려 했던 두꺼비를 향하여 마음을 열게 했을까. 그건 크고 거창한 것이 아니라 바로 상대에 대한 배려이다. 다정한 말 한 마디, 따뜻한 눈길이면 된다. 두꺼비는 느닷없이 올빼미에게 잡혀 갇히게 되었

지만 명랑한 기분으로 집 안을 말끔히 정리하고 올빼미를 위해 따뜻한 차를 준비한다. 올빼미에게 조지라는 이름을 지어 주며 밤마다 다정한 이야기도 나눈다. 올빼미는 두꺼비가 이야기를 할 때는 귀 기울여 열심히 듣는다. 함께 이야기를 나누고 차를 마시고 함께 웃기도 하면서 올빼미는 친구가 있는 것도 괜찮다는 사실을 알게 된 것이다.

두꺼비는 화요일이 다가오자 마음이 초조해지기 시작한다. 그리고 마침내 화요일이 되자 두꺼비 워턴은 사슴쥐의 도움을 받아 탈출에 성공한다. 도망가던 중 워턴은 뜻밖에도 여우에게 잡혀 위기에 처한 올빼미 조지를 발견하고는 달려가 구해 준다. 그런데 상처투성이의

올빼미 입에서 뜻밖의 말을 듣는다. 조지는 워턴이 좋아하는 노간주나무 열매로 차를 끓여 주기 위해 노간주 열매를 따러 나왔다가 여우에게 잡혔다는 것이다. 워턴을 내려다보는 조지 얼굴에 함박웃음이 번지고, 워턴은 조지 등에 올라탄다. 둘은 하늘에 커다란 원을 그린 뒤 툴리아 고모 집을 향해 날아간다.

뚜렷하게 묘사된 두 동물의 특징, 끝까지 긴장감을 유지하면서 섬세하게 묘사된 두 동물의 마음의 움직임을 읽다 보면 마음이 푸근해진다.

『아기 도깨비와 오토 제국』

이현주 글 / 전기윤 그림 / 웅진닷컴

아기 도깨비 나가신다,
스티그프라 대왕 물러서라

교회 목사이자 동화작가인 이현주의 동화에는 어떤 경우에도 불의에 타협하지 말아야 한다는 주제 의식이 공통적으로 담겨 있다.

1980년대 초반, 왕성하게 활동하던 그는 어느 순간 목회자의 역할에 마음을 쏟으면서 동화작가로서의 역할에는 다소 소홀히 한 면도 있다. 상당히 오랫동안 자리를 비우고 그 사이에 새로운 작가들이 그 자리를 차지했지만, 아이들은 여전히 그의 동화를 즐겨 찾는다. 개성 있는 인물들을 배치하여 풍자하고 익살을 떨면서 독자를 꼼짝 못하게 하는 힘 때문이다.

『아기 도깨비와 오토 제국』도 정의를 추구하는 그의 동화 정신에서 벗어나지

않는다. 오토 제국은 스티그프라 대왕에 의해 개개인의 의지를 거세당하고, 오로지 명령에 의해 움직여야만 하는 획일화된 사회이다.

키가 한 뼘이나 될까 말까한 아기 도깨비 루루는 오치구 박사의 낚시가방에 숨어 서울로 오는데, 그 날 오치구 박사의 부인 이소리 여사가 오토 제국에 납치되는 사건이 벌어진다. 루루는 소매치기를 하다가 잡혀 자신의 부하가 된 검은 안경과 땅딸보와 함께 오토 제국에 납치된 이소리 여사를 구하러 나선다. 그리고 오토 제국의 스티그프라 대왕에 맞서 싸워 통쾌하게 승리한다.

다소 희화적으로 묘사된 검은 안경과 땅딸보가 포함된 루루 일행은 부당한

사회로 상징되는 획일화된 사회를 비판하면서, 수많은 세상 사람들이 저마다의 개성을 발휘하면서 제각기 자기 빛깔로 살아가는 사회를 지향하게 한다.

『애니의 노래』

미스카 마일즈 글 / 피터 패놀 그림 / 윤태영 옮김 / 새터

인디언 할머니가 들려 주는 삶과 죽음 이야기

아메리카 서부의 광활한 사막에서 문명의 이기를 뒤로 한 채 살아가는 나바호 인디언들은 죽음도 삶의 일부로 받아들이는 삶의 철학을 가지고 있다.

애니와 친구처럼 지내던 할머니는 어느 날 '지금 짜고 있는 카펫이 완성될 무렵에는 나는 어머니인 대지로 돌아갈 것이다.' 라고 말한다. 애니는 할머니 말씀의 의미를 이해하고 할머니가 대지로 돌아가는 것을 막아 보려고 애쓴다.

그래서 엄마가 카펫을 못 짜게 하려고 여러 가지 방법으로 방해한다. 학교에선 일부러 말썽을 부리고, 새벽에 양들을 풀어 놓아 엄마가 양을 잡아들이느라 시간을 빼앗기게 한다. 밤중에 몰래 나가 짜놓은 카펫의 실을 풀어 버리기도 한다.

이런 애니를 지켜 보던 할머니는 애니를 언덕으로 데려가 나지막이 이야기한다.

"애니야, 너는 시간을 돌려 보려고 하고 있는 것이란다. 그러나 그렇게 할 수 없는 것이야."

할머니가 하늘과 사막이 만나는 지평선을 바라보며 말할 때, 사막을 황금빛으로 물들이는 아침해가 막 떠오르기 시작한다.

"태양은 아침에 땅으로부터 떠올라 저녁에 땅 밑으로 진단다. 살아 있는 모든 것은 대지로부터 생겨나 대지로 돌아가는 것이란다."

애니는 비로소 죽음은 삶처럼 늘 우리 가까이 있고 자신도 언젠가는 대지로 돌아갈 거라는 사실을 어렴풋이나마 이해하게 된다. 시들어 땅으로 떨어지는 꽃잎처럼 자신도, 할머니도 대지의 일부분이며 앞으로도 그러하리라는 것을 말이다.

더 읽어 보세요
『할머니』 페터 헤르틀링 글, 박양규 옮김, 비룡소
『우리 할아버지』
존 버닝햄 글・그림, 박상희 옮김, 비룡소

학부모에게 권하는 책

『옛이야기 들려 주기』

서정오 글 / 보리

민중의 삶에서 꽃핀 옛 이야기들

예전에는 일터에서, 사랑방에서, 달빛 어린 평상에서 이야기가 오고 갔다. 아이에게도, 어른들끼리도 옛 이야기는 끊임없이 오고 갔다. 우리 조상들은 옛 이야기를 자식들을 가르치는 수단으로 삼았으며, 부당한 힘에 맞서는 수단으로도 삼았다. 고단한 삶을 비껴가는 방편으로도 삼았다.

이 책에서는 옛 이야기가 말재주 있는 몇 사람만의 것이 아니라 땀 흘려 일하는 보통 사람들 모두의 것임을 알려 준다. 살아가면서 겪는 기쁘고 슬프고 힘겹고 억울한 모든 일을 이야기로 풀어 내면서, 삶의 희망을 다지고자 했던 민중들이 이 땅의 주인이었음을 인식하게 한다. 그래서 옛 이야기는 입 가진 사람이면 누구나 할 수 있고, 귀 가진 사람이면 누구나 들을 수 있어야 한다는 것을 강조한다. 또한 옛 이야기책을 잘 고르는 방법, 아이들에게 들려 줄 옛 이야기를 선택할 때 마음에 두어야 할 일, 옛 이야기를 재미나게 들려 주는 방법 들을 자세하게 소개한다.

저자는 과학 문명이 발달하면서 그 값어치를 제대로 대접받지 못하는 옛 이야기를 되살려 내는 일이야말로 값진 일이라는 걸 힘주어 말한다. 뒤편에는 우리 입말을 살려 내어 읽기만 하면 그대로 이야기가 되는 옛 이야기를 실어 놓았다. 앞장에서 배운 대로 아이들에게 들려 주면서 옛 이야기의 참맛을 느낄 수 있다.

『애니메이션의 천재 디즈니의 비밀』

데이빗 코에닉 지음 / 서민수 옮김 / 현대미디어

디즈니의 가려진 이야기

　'백설 공주와 일곱 난쟁이', '피터 팬', '피노키오', '인어 공주', '포카혼타스', '미녀와 야수' 등은 우리 아이들에게 태어나자마자 필독서처럼 주어 온 디즈니 애니메이션 책들이다. 그래서 이름만 들어도 너무나 친숙한 사람들이 많을 것이다.

　이 책에서는 우리가 익히 보고 들어 왔던 디즈니 만화영화 30여 편을 한 편 한 편 해부하면서, 최초 발상에서부터 만화영화로 제작되기까지, 그리고 영상 미디어로, 음반으로, 게임으로, 캐릭터 상품으로 이름을 날리기까지의 과정을 낱낱이 보여 준다.

　월트 디즈니와 함께 일했던 영화감독 스티븐 스필버그, 영화배우 로빈 윌리엄스, 줄리 앤드류스 등 세계적으로 이름을 떨치고 있는 스타들의 인터뷰를 통해 디즈니의 비밀들이 드러난다. 오랫동안 우리 아이들의 의식을 지배해 온 디즈니 만화영화의 본질을 이해하는 데 도움을 준다.

데이빗 코에닉

1985년 캘리포니아 주립대학에서 저널리즘을 전공하고 자유기고가로 활동했으며, 현재 75년 전통의 'The Merchant Magazine'에서 선임 편집자로 일하고 있다. 아내 로라와 함께 캘리포니아에서 산다.

더 읽어 보세요

『애니메이션 시나리오』 황선길 글, 범우사

『쿠슐라와 그림책 이야기』

도로시 버틀러 글 / 김중철 옮김 / 보림

그림책이 열어 주는 새로운 세상

쿠슐라가 태어났을 때 의사들은 신체와 정신 모두에 장애아 판정을 내렸다. 그렇지만 쿠슐라의 부모는 아이를 장애아 센터에 보내라는 상투적인 처방을 거부하고 그림책을 읽어 주기 시작했다.

생후 4개월이 되었을 때 어머니가 처음으로 그림책을 보여 주자, 쿠슐라는 반응을 보이기 시작했다. 시간이 갈수록 쿠슐라는 그림책을 점점 더 좋아하기 시작했고, 좋아하는 말을 알아듣고 그림도 알아보았다. 책을 보는 일은 쿠슐라가 하는 일 가운데 가장 즐거운 일이었다. 책에 나오는 인물은 쿠슐라의 동무가 되었고, 이들을 통해 현실 세계의 사람들과 관계를 맺게 되었다.

태어난 지 35주째에 쿠슐라는 검사를 받았다. 그 결과 신체 발달은 여전히 보통 아이보다 뒤졌지만, 언어에서는 35주 된 정상아의 수준에 뒤지지 않았다. 그리고 만 3년 8개월이 되었을 때, 쿠슐라의 지능은 평균보다 높다고 평가되었으며 성격도 낙천적이었다. 다른 아이들과도 잘 어울렸다.

쿠슐라의 어머니는 만 3년 동안 성장 단계에 맞추어 150권의 그림책을 읽어 주었다. 그 동안 아이의 지능이 점차 높아지고, 마음의 병을 치유해 건강한 아이로 자라게 된 독서 체험 과정을 기록한 감동적인 실화이다. 부모가 읽어 주는 그림책과 함께 자라는 아이는 최소한 정서 장애에 걸리지는 않는다는 사실을 입증한다.

『전래놀이 101가지』

이상호 글 / 박향미 그림 / 사계절

함께 즐겨요, 우리 놀이들

　우리 겨레는 흥이 많은 민족이다. 두 사람 이상 모이면 춤과 노래가 절로 나오고, 자연에 지천으로 깔린 나무며 돌멩이며 바람까지도 놀잇감으로 삼았다. 그런데 지금 우리 아이들은 전래되어 오던 놀이를 점점 잊어버리고 있다.

　이 책의 저자는 우리 아이들에게 우리 놀이를 찾아 주어야 한다고 주장한다. 그리고 두 사람 이상이 모이면 때와 장소를 가리지 않고 즐길 수 있는 101가지 놀이를 계절별, 학년별로 소개한다.

　차를 타고 가면서는 '쌀보리놀이'를 할 수 있다. '감자에 싹이 나서 잎이 나서 묵, 찌, 빠' 하는 놀이는 어디서나 흔히 하는 놀이이면서 늘 좌중을 즐겁게 해 준다. 바닷가 모래사장에서는 '신발

뺏기놀이'도 재미있다. 가위바위보를 해서 술래를 한 사람 뽑은 다음, 술래는 신발을 지키고 다른 사람들은 신발 집에 있는 신발을 술래 몰래 빼앗아 오는 것이다.

　여러 사람이 있을 때 할 수 있는 또다른 놀이로 '몫잡기놀이'가 있다. 공격과 수비를 정한 다음 가위바위보로 누가 먼저 공격할 것인지 정한다. 수비는 안에, 공격은 밖에 있다가 공격 편에서 콩주머니를 던지면 놀이가 시작된다.

　이런 식으로 이 책에는 두 명 이상이 모이면 어떤 상황에서도 심심하지 않게 놀이를 즐길 수 있는 방법과 그 놀이가 생기게 된 내력 따위가 아주 친절하게 소개되어 있다.

『어린이 공화국 벤포스타』

에버하르트 뫼비우스 글 / 김라합 옮김 / 보리

아이들이 움직이는 나라

사람들이 서로 존중하고 배려하는 평화로운 세상, 책임과 의무가 균등하게 이루어지는 세상은 모든 사람들이 꿈꾸는 이상 사회이다. 그런데 이런 사회가 꿈이 아니라 현실로 이루지는 나라가 있다. 그것도 어린이들이 만들어 가는 나라이다. 스페인 갈리시아 지방에 있는 벤포스타가 그 곳이다.

벤포스타에서는 아이들이 한 시간 공부하면 한 시간 일한 만큼의 경제적 대가를 받는다. 공부는 놀이가 아니기 때문이다. 아이들은 스스로 의식주를 해결하고 하고 싶은 일을 하기 위해 주유소, 빵공장, 가죽공장, 슈퍼마켓에서 일하고 돈을 받는다. 대통령과 시장은 주민 투표로 뽑고, 주민 총회에서는 대통령과 시장의 정책 결정을 비판하기도 한다. 국가 예산은 관광 상품 판매나 주유소 운영 수입 등으로 마련된다. 1964년 결성된 서커스단 '무차소스'는 외국 순회 공연에서 적지 않은 수입을 올렸고, 이것은 국가의 큰 재원으로 활용되었다. 벤포스타는 지금까지 44년 동안 종교와 나라와 피부색과 관련 없이 30개국에서 4만여 명의 아이들이 찾았고, 지금도 150명이 살고 있다.

이 책은 독일의 연극배우이자 감독, 극장주로 활동하던 에버하르트 뫼비우스가 1972년 여름 한 달 동안 벤포스타를 방문한 기록으로, 어린이들이 정의롭고 민주적이며 서로를 존중하며 살아가는 사회의 모습을 보여 준다.

『독서를 좋아하는 아이로
기르기 위한 50가지 방법』

캐시. A. 제일러 글 / 최이정 옮김 / 문원

함께 책을 즐기자

어른들이 아이들에 대해 갖는 바람 중에서 맨 앞자리를 차지하는 것은 바로 아이가 독서를 좋아하게 되는 것이다. 보는 것, 듣는 것에 익숙해진 아이들은 갈수록 활자매체에 대한 거부감을 드러내고 있다. 어찌 보면 부모들의 맹목적 욕심일 수도 있지만 시대가 아무리 바뀌어도 책을 통해서 발견하는 삶의 가치들, 다양한 간접 경험의 기회, 풍부한 정보와 지식을 생각하면 아무래도 책을 좋아하는 아이로 기르는 것은 중요할 수밖에 없다. 그러나 어떻게 해야 할지 막막하기만 하다.

이 책은 아이와 부모들이 가정에서 함께 책의 문화를 가꾸어 가는 50가지 방법을 소개하고 있다. '책읽기의 경험 나누기', '읽는 것을 항상 가까이 두라', '아이의 행동 바꾸기', '나의 행동 바꾸기' 등 모두 네 장으로 구성되어 있다. 여기서 제시하는 방법들은 우리가 이미 알고 있는 것과 특별하게 다른 점은 없다. 아이와 교류하면서 읽어 준다, 함께 서점에 가서 책을 고른다, 어린이 책 관련 스크랩을 한다 등 기존의 독서교육에서 제시된 방법들이다.

문제는 뭔가 특별난 방법이 있을 거라고 생각하거나 어른들은 아무것도 하지 않으면서 무작정 아이들에게만 기대하는 것이다. 그러나 이 책은 일상에서 편안하게 책을 접할 수 있는 환경을 만들어 주고 함께 즐기는 것이 유일한 길이라는 것을 확인시켜 준다.

157

『우리들의 하느님』

권정생 글 / 녹색평론사

소설보다 더 감동적인 삶 이야기

"내 몫 이상을 쓰는 것은 벌써 남의 것을 빼앗는 행위다. 자연 살리기나 환경운동은 과소비를 없애지 않으면 말짱 헛것이다."라는 소리 없는 외침은 현대를 살아가는 많은 이들로 하여금 부끄러움을 느끼게 하기에 충분하다.

이 책은 안동 땅 구석지고 조그만 흙집에서 병마와 싸우며 세상에 있는 듯 없는 듯 살아가는 권정생의 산문집이다.

권정생은 도쿄 혼마치의 헌옷 장사 집 뒷방에서 태어난 후 해방을 맞아 조국에 돌아온다. 그 뒤로 유랑걸식 끝에 교회 문간방 종지기로 살아간다.

이 책에는 한반도의 분단이 빚은 숱한 비극적 현실을 바라보는 그의 생각들이 처연하게 전개된다. 뿐만 아니라 이웃집 할매들에게서 들은 이야기도 실려 있다. 혼인은 했지만 첫날밤도 치르지 못한 채 신랑을 저 세상으로 떠나 보내고 시부모를 극진하게 모셔 온 할머니가 효부상을 거부한 기막힌 이야기에서부터, 헐벗고 굶주린 이웃들을 본체만체하면서 화려한 성전을 건축하는 데에만 열을 올리는 현대 기독교에 대한 비판 등 우리의 삶과 사회와 역사를 날카롭게 통찰하는 글들이다.

그의 마음의 중심에는 늘 이 땅의 소외받은 사람들과 아이들과 동화와 병마가 함께 하고 있음을 알 수 있다.

『이 시대를 사는 따뜻한 부모들의 이야기』

이민정 글 / 김영사

부모와 자식은 악연이다?

이 세상 어느 부모도 자식의 문제로부터 자유롭지 못하다. 아이들은 부모들에게 더없는 기쁨을 주기도 하지만 감당하기 어려운 시련을 주기도 한다. 부모들은 아이들이 자신의 뜻을 따르지 않는다고 생각하고, 아이들은 부모들이 자신들을 이해하지 못한다고 생각하는 데서 수많은 문제가 발생하고 벽이 생긴다.

컴퓨터, 텔레비전, 학원, 입시로 대변되는 요즘 아이들의 문화와 이미 기성세대인 부모와의 정서적인 차이는 어느 한 편의 입장만 주장한다고 해서 결코 해결되지는 않는다. 아무리 목소리를 높여도, 어떤 이론을 들이대도 아이들은 요지부동이고 부모들은 가슴을 찧는다.

저자가 부모교육 강사를 하면서 얻은 현장 사례들과 함께 자신이 직접 아이들을 키운 생생한 경험을 바탕으로 부모들이 배워야 할 '부모 역할'을 명쾌하게 제시하여 아이들 문제로 고민하는 부모들의 눈을 번쩍 뜨이게 하는 책이다.

> **더 읽어 보세요**
> 『반쪽이네 딸 학교에 가다』 최정현 글 · 그림, 김영사
> 『학교를 알면 자녀 교육이 보인다』
> 초등교육정보연구회 글, 권사우 그림, 우리교육

『동화읽는어른』

사단법인 어린이도서연구회 발행

어린이에게 좋은 책을
권장하는 잡지

2002. 3

어린이 책을 고르는 데 자신할 수 있는 부모나 교사가 몇이나 될까. 대부분은 걷잡을 수 없이 쏟아지는 책의 홍수 속에서 '아이에게 좋은 책을 어떻게 골라낼 수 있을까' 하는 고민으로부터 자유로울 수가 없다.

월간 〈동화읽는어른〉은 이런 사람들에게 더없이 반가운 잡지이다. 이 잡지에는 사단법인 어린이도서연구회 160여 명의 회원들이 주마다 각 영역별로 분과 모임을 갖고 토론하여 걸러낸 책을 다양한 방법으로 소개한다. 서평, 동화 비평, 시기별로 권하는 책, 어린이문학 강좌, 전국 100여 군데에 있는 어린이도서연구회 지역 모임인 '동화읽는어른'에서 벌어지는 문화활동 등 주로 어린이도서연구회 구성원들이 쓴 글이 중심을 이룬다. 그들은 전문필자가 아니기 때문에 때로는 서투름이 눈에 띄기도 하지만 그들만이 갖는 진솔함이 오히려 이 잡지에 신뢰를 갖게 한다. 무엇보다 오랜 시간 독자들을 통해서 걸러진 좋은 책을 다루어 고전이 갖는 가치에 눈 뜨도록 돕는 점이 매력이다.

수없이 쏟아지는 어린이 책을 걸러내는 마땅한 장치가 없는 가운데서 〈동화읽는어른〉은 좋은 책에 대한 정보를 주고, 어린이 책이 갖고 있는 다양한 문화적 요소들을 즐기게 하는 매개체 역할을 톡톡히 하고 있다.

☎02-3672-4447

http://www.childbook.org

『월간 일러스트』

동화나무 발행

그림책 정보를
알려 주는 잡지

학부모

〈동화읽는어른〉이 중, 고학년 아이들을 위한 책에 비중을 좀더 두고 있다면 〈일러스트〉는 그림책을 좋아하는 이들에게 유용한 잡지이다. 이 잡지는 그림책 독자들이 쉬이 접하기 어려운 국내외 그림책에 대한 정보로 눈길을 끈다.

세련된 편집과 눈길을 끄는 화보들, 국내외 유명 작가들을 집중 탐구하는 기획기사는 그림책에 관심 있는 이들이라면 눈여겨 볼 만한 내용이다. 시리즈로 연재되는 국내외 그림책 작가 탐구는 작가가 태어나서부터 세상을 떠날 때까지의 삶의 여정들을 좇아 생애와 작품의 경향, 캐릭터 상품에 이르기까지 총체적인 정보를 다룬다. 그 동안 야노쉬, 테디 베어, 질 바클램 같은 외국의 유명 작가들과 작품 이야기를 심층적으로 다룬 바 있다.

이 잡지는 그림책을 다루는 전문 잡지라기보다는 일러스트레이터들에게 폭넓은 정보를 준다는 의미가 더 크다. 하지만 그 중에 큰 부분을 차지하는 그림책에 대한 정보들이 눈길을 끄는 것이다.

동화책과 그림책이 걷잡을 수 없이 쏟아지는데도 어린이 책에 대한 정보를 제공하는 마땅한 잡지가 없는 가운데 〈일러스트〉가 하는 역할은 결코 작지 않다. 다만 그림책에 대한 지면을 좀더 할애했으면 하는 바람은 있다.

☎02-517-8045

http://www.illusthouse.com

지역별 어린이 도서관

지역	도서관명	소재지	전화번호
서울	개포1동문고	강남구 개포1동	02-3461-6082
	고덕1동문고	강동구 고덕1동	02-442-0916
	날마다자라는나무	광진구 자양3동	02-455-0605
	금천은행나무어린이문고	금천구 시흥5동	02-892-7894
	감자꽃어린이도서관	노원구 공릉2동	02-972-1005
	노원어린이도서관	노원구 중계4동	02-933-7144
	꿈틀도서관	동대문구 전농3동	02-2243-2315
	신대방1동문고	동작구 신대방1동	02-832-6572
	성동청소년문화의집문고	성동구 금호동3가	02-2236-2678
	책읽는엄마책읽는아이	성동구 행당동	02-2297-5935
	두껍아두껍아(솔내음교회)	영등포구 당산동	02-2631-2534
	푸른도서관	용산구 청파3가	02-713-2224
	(은평)신사종합사회복지관 어린이도서관	은평구 신사1동	02-376-4141-2
	은평사랑어린이도서관	은평구 응암1동	02-353-3173
	사직어린이도서관	종로구 사직동	02-722-1379
	느티나무어린이도서관	중구 신당2동	02-3298-0918
	한밀어린이도서관	중랑구 면목5동	02-432-1691
	하예성어린이문고	중랑구 면목6동	02-432-0675
경기/인천	꿈꾸는동화나라	고양시 일산구 대화동	031-913-7924
	웃는책	고양시 일산구 백석동	031-914-9279
	동녘작은도서관	고양시 일산구 풍동	031-903-2768
	강아지똥도서관	고양시 일산구 일산2동	031-975-0182
	어린이도서관 푸른꿈	고양시 일산구 일산3동	031-917-2768
	애기똥풀	구리시 인창동	031-565-3066
	아이다에듀	구리시 수택동	031-556-2971

지역별 어린이 도서관

지역	도서관명	소재지	전화번호
경기/인천	아름드리	성남시 분당구 야탑동	031-705-0612
	책이랑	성남시 중원구 상대원1동	031-732-7004
	열린문고	수원시 장안구 화서2동	031-245-3273
	작은키나무	안양시 동안구 귀인동	031-383-4760
	백석느티나무	양주군 백석면 복지리	031-826-9209
	느티나무도서관	용인시 수지구 동천동	031-262-3494
	꿈이있는어린이도서관	의정부시 금원동	031-872-6555
	아름드리도서관	인천시 부평구 일신동	032-528-7845
	청개구리어린이도서관	인천시 부평구 산곡3동	032-521-2040
	맑은샘도서관	인천시 부평구 청천동	032-507-1933
	한길도서관	인천시 서구 신철동	032-582-6083
	미추홀도서관	인천시 연수구 연수1동	032-812-0032
	늘푸른어린이도서관	인천시 연수구 연수2동	032-818-1140
	하얀초록어린이도서관	파주시 금촌동	031-943-0322
	가나안어린이도서관	평택시 서정동	031-665-8080
	한신책마을	화성시 태안읍	031-235-8636
강원	두란노어린이 도서관	홍천군 홍천읍 갈마곡리	033-434-9182
	속초어린이문고	속초시 청호동	033-633-4233
충청/대전	모퉁이어린이도서관	대전시 유성구 전민동	042-861-6296
	참도깨비어린이도서관	청주시 상당구 우암동	043-257-0977
	초롱이네도서관	청주시 상당구 봉암동	043-296-5050
경상/부산	초롱초롱어린이도서관	남해군 고현면	055-862-9759
	샘터꿈의도서관	부산시 남구 대연3동	051-628-6009
	들꽃이야기	부산시 남구 대연5동	051-621-9577
	맨발동무문고	부산시 북구 화명동	051-333-2263
제주	설문대어린이도서관	제주시 연동	064-749-0070

지역별 어린이 도서관

지역	도서관명	소재지	전화번호
인표어린이	인표어린이도서관 본부	서울시 종로구 사직동	02-767-9531
	북부 인표어린이도서관	서울시 노원구 상계1동	02-938-8576
	장선 인표어린이도서관	부산광역시 북구 구포3동	051-336-7007
	광주 인표어린이도서관	광주광역시 북구 오치동	062-264-5308
	구로 인표어린이도서관	서울시 구로구 구로3동	02-852-0525
	진도 인표어린이도서관	전남 진도군 진도읍 성내리	061-544-2018
	태백 인표어린이도서관	강원도 태백시 황지1동	033-553-3454
	월곡 인표어린이도서관	서울시 성북구 하월곡1동	02-916-9194
	대전 인표어린이도서관	대전광역시 대덕구 법동	042-623-9589
	인천 인표어린이도서관	인천광역시 북구 삼산동	032-529-8609
	대구 인표어린이도서관	대구광역시 달서구 월성동	053-634-7230
	청주 인표어린이도서관	충북 청주시 수곡동	043-288-1428
	연제 인표어린이도서관	부산광역시 연제구 연산3동	051-862-6371
	가양 인표어린이도서관	서울시 강서구 가양3동	02-2668-9814
	전주 인표어린이도서관	전주시 완산구 동완산동	063-287-6417
	연길 인표어린이도서관	中國 吉林省 延吉市 豊收胡洞	86-433-322-4168
	용정 인표어린이도서관	中國 吉林省 龍井市 繁榮路 .	86-433-322-4168
	심양 인표어린이도서관	中國 療寧省 瀋陽市 蘇家沌區	86-248-981-5061
	도문 인표어린이도서관	中國 吉林省 圖們市 明星路	86-433-722-2035
	하얼빈 인표어린이도서관	中國 黑龍江省 哈彌賓市 南岡區	86-451-362-6891
	훈춘 인표어린이도서관	中國 吉林省 琿春市 靖和街	86-440-751-3063
	사할린 인표어린이도서관	러시아 유즈노 사할린스크시	7-42425-51717
	알마티 인표어린이도서관	카자흐스탄 알마티 한국교육원	7-3272-468931

찾아보기

찾아
보기